技工院校"十四五"规划广告设计专业系列教材
中等职业技术学校"十四五"规划艺术设计专业系列教材

广告文案

杜清华 刘芊宇 赵健 杜振嘉 主编
吕春兰 副主编

华中科技大学出版社
http://www.hustp.com
中国·武汉

内容提要

本书根据广告设计专业相关岗位的工作要求，结合广告设计专业基础知识和专业技能编写而成。本书的主要内容包括广告文案概述以及文案在平面广告、电视广告、广播广告、网络广告中的应用。全书贯彻工学结合的人才培养理念，结合项目教学法的特点，重点突出理论与实践相结合的教学方式。

本书在内容编排上严谨、科学，大量广告文案实例的赏析让阅读与学习变得更加有趣，实现了理论与实践的结合。本书不仅可以作为技工院校和中等职业技术学校广告设计专业学生的教材，也可以作为广告设计相关从业人员的参考书。

图书在版编目（CIP）数据

广告文案 / 杜清华等主编 . — 武汉：华中科技大学出版社，2021.6
ISBN 978-7-5680-7245-8
Ⅰ.①广… Ⅱ.①杜… Ⅲ.①广告文案 - 教材 Ⅳ.① F713.812
中国版本图书馆 CIP 数据核字 (2021) 第 105746 号

广告文案

Guanggao Wen'an

杜清华 刘芊宇 赵健 杜振嘉 主编

策划编辑：金　紫
责任编辑：卢　苇
装帧设计：金　金
责任监印：朱　玢
出版发行：华中科技大学出版社（中国·武汉）　　　　电　　话：（027）81321913
　　　　　武汉市东湖新技术开发区华工科技园　　　　邮　　编：430223
录　　排：天津清格印象文化传播有限公司
印　　刷：湖北新华印务有限公司
开　　本：889mm×1194mm　1/16
印　　张：7
字　　数：214 千字
版　　次：2021 年 6 月第 1 版第 1 次印刷
定　　价：48.00 元

技工院校"十四五"规划广告设计专业系列教材
中等职业技术学校"十四五"规划艺术设计专业系列教材
编写委员会名单

● 编写委员会主任委员

文健（广州城建职业学院科研副院长）　　　　　宋雄（广州市工贸技师学院文化创意产业系副主任）

叶晓燕（广东省交通城建技师学院艺术设计系主任）　张倩梅（广东省交通城建技师学院艺术设计系副主任）

周红霞（广州市工贸技师学院文化创意产业系主任）　吴锐（广州市工贸技师学院文化创意产业系广告设计教研组组长）

黄计惠（广东省轻工业技师学院工业设计系教学科长）　汪志科（佛山市拓维室内设计有限公司总经理）

罗菊平（佛山市技师学院应用设计系副主任）　　　林姿含（广东省服装设计师协会副会长）

● 编委会委员

陈杰明、梁艳丹、苏惠慈、单芷颖、曾铮、陈志敏、吴晓鸿、吴佳鸿、吴锐、尹志芳、陈思彤、曾洁、刘毅艳、杨力、曹雪、高月斌、陈矗、高飞、苏俊毅、何淦、欧阳敏琪、张琮、冯玉梅、黄燕瑜、范婕、杜聪聪、刘新文、陈斯梅、邓卉、卢绍魁、吴婧琳、钟锡玲、许丽娜、黄华兰、刘筠烨、李志英、许小欣、吴念姿、陈杨、曾琦、陈珊、陈燕燕、陈媛、杜振嘉、梁露茜、何莲娣、李谋超、刘国孟、刘芊宇、罗泽波、苏捷、谭桑、徐红英、阳彤、杨殿、余晓敏、刁楚舒、鲁敬平、汤虹蓉、杨嘉慧、李鹏飞、邱悦、冀俊杰、苏学涛、陈志宏、杜丽娟、阳丽艳、黄家岭、冯志瑜、丛章永、张婷、劳小芙、邓梓艺、龚芷玥、林国慧、潘启丽、李丽雯、赵奕民、吴勇、刘殷君、陈玥冰、赖正媛、王鸿书、朱妮迈、谢奇肯、杨晓玲、吴滨、胡文凯、刘灵波、廖莉雅、李佑广、曹青华、陈翠筠、陈细佳、代小红、古燕苹、胡年金、荆杰、李津真、梁泉、吴建敏、徐芳、张秀婷、周琼玉、张晶晶、李春梅、高慧兰、陈婕、蔡文静、付盼盼、谭珈奇、熊洁、陈思敏、陈翠锦、李桂芳、石秀萍、周敏慧、邓兴兴、王云、彭伟柱、马殷睿、汪恭海、李竞昌、罗嘉劲、姚峰、余燕妮、何蔚琪、郭咏、马晓辉、关仕杰、杜清华、祁飞鹤、赵健、潘泳贤、林卓妍、李玲、赖柳燕、杨俊龙、朱江、刘珊、吕春兰、张焱、甘明坤、简为轩、陈智盖、陈佳宜、陈义春、孔百花、何旭、刘智志、孙广平、王婧、姚歆明、沈丽莉、施晓凤、王欣苗、陈洁冬、黄爱莲、郑雁、罗丽芬、孙铁汉、郭鑫、钟春琛、周雅靓、谢元芝、羊晓慧、邓雅升、阮燕妹、皮添翼、麦健民、姜兵、童莹、黄汝杰、薛晓旭、陈聪、邝耀明

● 总主编

文健，教授，高级工艺美术师，国家一级建筑装饰设计师。全国优秀教师，2008年、2009年和2010年连续三年获评广东省技术能手。2015年被广东省人力资源和社会保障厅认定为首批广东省室内设计技能大师，2019年被广东省教育厅认定为建筑装饰设计技能大师。中山大学客座教授，华南理工大学客座教授，广州大学建筑设计研究院室内设计研究中心客座教授。出版艺术设计类专业教材120种，拥有具有自主知识产权的专利技术130项。主持省级品牌专业建设、省级实训基地建设、省级教学团队建设3项。主持100余项室内设计项目的设计、预算和施工，项目涉及高端住宅空间、办公空间、餐饮空间、酒店、娱乐会所、教育培训机构等，获得国家级和省级室内设计一等奖5项。

● 合作编写单位

（1）合作编写院校

广州市工贸技师学院	广州市蓝天高级技工学校
佛山市技师学院	茂名市交通高级技工学校
广东省交通城建技师学院	广州城建技工学校
广东省轻工业技师学院	清远市技师学院
广州市轻工技师学院	梅州市技师学院
广州白云工商技师学院	茂名市高级技工学校
广州市公用事业技师学院	广东汕头市高级技工学校
山东技师学院	广东省电子信息高级技工学校
江苏省常州技师学院	东莞实验技工学校
广东省技师学院	珠海市技师学院
台山敬修职业技术学校	广东省工业高级技工学校
广东省国防科技技师学院	广东省工商高级技工学校
广东工业大学华立学院	深圳市携创高级技工学校
广东省华立技师学院	广东江南理工高级技工学校
广东花城工商高级技工学校	广东羊城技工学校
广东岭南现代技师学院	广州市从化区高级技工学校
广东省岭南工商第一技师学院	肇庆市商业技工学校
阳江市第一职业技术学校	广州造船厂技工学校
阳江技师学院	海南省技师学院
广东省粤东技师学院	贵州省电子信息技师学院
惠州市技师学院	广东省民政职业技术学校
中山市技师学院	广州市交通技师学院
东莞市技师学院	
江门市新会技师学院	
台山市技工学校	
肇庆市技师学院	
河源技师学院	

（2）合作编写组织

广州市赢彩彩印有限公司
广州市壹管念广告有限公司
广州市璐鸣展览策划有限责任公司
广州波镨展览设计有限公司
广州市风雅颂广告有限公司
广州质本建筑工程有限公司
广东艺博教育现代化研究院
广州正雅装饰设计有限公司
广州唐寅装饰设计工程有限公司
广东建安居集团有限公司
广东岸芷汀兰装饰工程有限公司
广州市金洋广告有限公司
深圳市千千广告有限公司
广东飞墨文化传播有限公司
北京迪生数字娱乐科技股份有限公司
广州易动文化传播有限公司
广州市云图动漫设计有限公司
广东原创动力文化传播有限公司
菲逊服装技术研究院
广州珈钰服装设计有限公司
佛山市印艺广告有限公司
广州道恩广告摄影有限公司
佛山市正和凯歌品牌设计有限公司
广州泽西摄影有限公司
Master 广州市熳大师艺术摄影有限公司

序 言

　　技工教育和中职中专教育是中国职业技术教育的重要组成部分，主要承担培养高技能产业工人和技术工人的任务。随着"中国制造 2025"战略的逐步实施，建设一支高素质的技能人才队伍是实现规划目标的必备条件。如今，国家对职业教育越来越重视，技工和中职中专院校的办学水平已经得到很大的提高，进一步提高技工和中职中专院校的教育、教学和实训水平，提升学生的职业技能，弘扬和培育工匠精神，已成为技工院校和中职中专院校的共同目标。而高水平专业教材建设无疑是技工院校和中职中专院校教育特色发展的重要抓手。

　　本套规划教材以国家职业标准为依据，以综合职业能力培养为目标，以典型工作任务为载体，以学生为中心，根据典型工作任务和工作过程设计教学项目和学习任务。同时，按照工作过程和学生自主学习的要求进行内容设计，实现理论教学与实践教学合一、能力培养与工作岗位对接合一、实习实训与顶岗工作合一。

　　本套规划教材的特色在于，在编写体例上与技工院校倡导的"教学设计项目化、任务化，课程设计教、学、做一体化，工作任务典型化，知识和技能要求具体化"紧密结合，体现任务引领实践的课程设计思想，以典型工作任务和职业活动为主线设计教材结构，以职业能力培养为核心，将理论教学与技能操作相融合作为课程设计的抓手。本套规划教材在理论讲解环节做到简洁实用，深入浅出；在实践操作训练环节体现以学生为主体的特点，创设工作情境，强化教学互动，让实训的方式、方法和步骤清晰，可操作性强，并能激发学生的学习兴趣，促进学生主动学习。

　　本套规划教材由全国 40 余所技工院校和中职中专院校广告设计专业共 60 余名一线骨干教师与 20 余家广告设计公司一线广告设计师联合编写。校企双方的编写团队紧密合作，取长补短，建言献策，让本套规划教材更加贴近专业岗位的技能需求，也让本套规划教材的质量得到了充分的保证。衷心希望本套规划教材能够为我国职业教育的改革与发展贡献力量。

技工院校"十四五"规划广告设计专业系列教材
中等职业技术学校"十四五"规划艺术设计专业系列教材 　总主编

教授 / 高级技师　文健

2021 年 5 月

前 言

广告文案是广告设计专业的一门基础必修课。所谓广告文案，广义上指广告运作过程中的所有文字信息；狭义上指广告作品文案，即广告作品中所有的文字。

随着社会的不断进步，广告文案正朝着越来越具有可读性的方向发展，第一时间吸引消费者注意，是迈向成功的第一步。本书在内容方面紧贴广告设计专业的岗位技能需求，按照职业教育的特点，注重工学结合，教学做一体化，理论与实践相结合，着力培养学生的创新能力和实践能力，将课程内容用深入浅出的方式进行表达，具有较强的实用性。本书选取了大量的经典广告，通过有针对性的分析与讲解，帮助学生更好地理解理论知识，对实际操作也有较强的指导作用。本书可以作为技工院校和中等职业技术学校广告设计专业的教材，也可以作为广告设计相关从业人员的参考书。

本书在编写过程中得到了中山市技师学院、广东省轻工业技师学院和佛山市技师学院等多所技工院校师生的大力支持和帮助，在此表示衷心的感谢。本书项目一由佛山市技师学院吕春兰老师编写；项目二由中山市技师学院杜清华老师编写；项目三由中山市技师学院赵健老师编写；项目四由广东省轻工业技师学院杜振嘉老师编写；项目五由广东省轻工业技师学院刘芊宇老师编写。由于编者水平有限，本书难免存在疏漏和不足之处，敬请读者批评指正。

编者
2021 年 1 月

课时安排（建议课时 32）

项目	课程内容	课时	
项目一 广告文案概述	学习任务一　广告文案的含义	2	8
	学习任务二　广告文案的特点及作用	2	
	学习任务三　广告文案的分类及组成	2	
	学习任务四　广告文案的写作原则	2	
项目二 文案在平面广告中的应用	学习任务一　报纸广告文案的特点及写作技巧	2	6
	学习任务二　杂志广告文案的特点及写作技巧	2	
	学习任务三　DM 广告文案的特点及写作技巧	2	
项目三 文案在电视广告中的应用	学习任务一　电视广告文案的特点	2	6
	学习任务二　电视广告文案的表现形式	2	
	学习任务三　电视广告文案的写作要求	2	
项目四 文案在广播广告中的应用	学习任务一　广播广告文案的含义、特点及结构	2	6
	学习任务二　广播广告文案的表现形式	2	
	学习任务三　广播广告文案的写作技巧	2	
项目五 文案在网络广告中的应用	学习任务一　网络广告文案的类型	2	6
	学习任务二　网络广告文案的特点	2	
	学习任务三　网络广告文案的写作技巧	2	

目　录

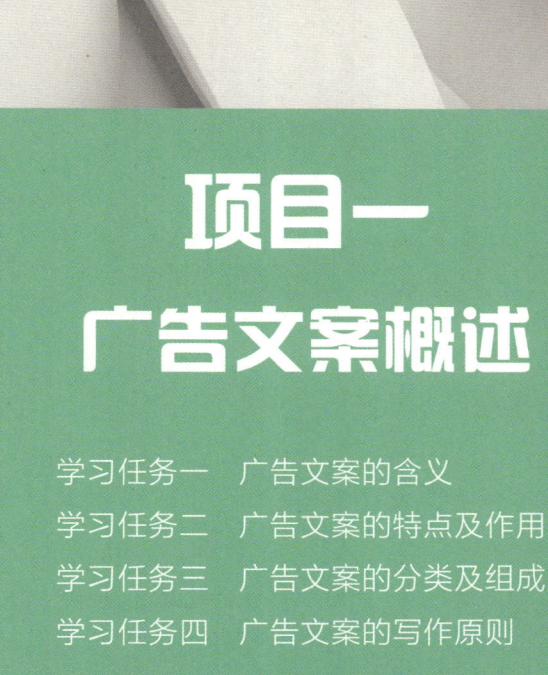

项目一
广告文案概述

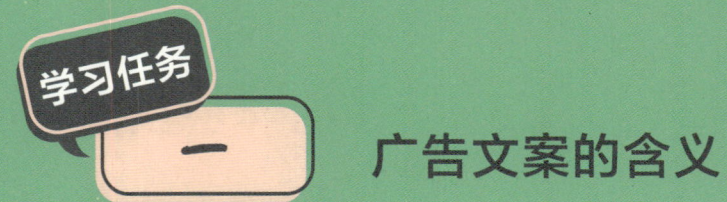

广告文案的含义

教学目标

（1）专业能力：了解广告文案的含义，理解广告文案的主要内容。

（2）社会能力：懂得欣赏优秀的广告文案，并归纳其创意要点。

（3）方法能力：文字编写与组织能力，资料收集与归纳能力。

学习目标

（1）知识目标：理解广告文案的含义。

（2）技能目标：能根据广告的需求写出较好的广告文案。

（3）素质目标：自主学习、举一反三，理论与实践相结合，扩大认知领域，提升专业兴趣，提高广告文案写作能力。

教学建议

1. 教师活动

（1）教师展示前期收集的优秀的广告文案，并运用多媒体课件、教学视频等多种教学手段，提高学生对广告文案的认识。

（2）深入浅出、通俗易懂地进行知识点讲授和应用案例分析。

（3）通过课堂师生问答，互动分析知识点；引导课堂小组讨论。

2. 学生活动

（1）认真听课、看课件、看视频；记录问题，积极思考问题，与教师良性互动，解决问题；总结、做笔记、写步骤、举一反三。

（2）仔细观察、学以致用，积极进行小组间的交流和讨论。

一、学习问题导入

广告文案又称广告文稿，是广告作品的重要组成部分，其解释主要有三种。第一种解释认为广告文案是广告运作涉及的所有文字工作，包括广告策划书、广告提案等。第二种解释认为广告文案是广告作品的全部内容，包括广告文字、图片、色彩、布局、装饰等。第三种解释认为广告文案仅指广告作品中的文字，不包含图片、色彩、布局、装饰等非文字部分。

为了更好地提高广告文案的写作水平，本书从狭义上定义广告文案的概念，把广告文案定义成广告的文字部分，即围绕特定宣传主题，通过特定媒体和宣传活动向公众传递商品信息、服务信息、观念信息和促销活动信息的应用文。

二、学习任务讲解

广告文案是由标题、正文、口号和随文组成的，是广告内容的文字化表现。在广告设计中，文案与图形同等重要。图形具有直观的视觉冲击力，文案则具有深层次的影响力。广告文案人员应具有较强的应用文写作能力。优秀的文案往往比图形更能打动人，例如日本某巧克力广告文案"在世界范围内的交流，只有音乐和巧克力不受语言的限制"，大众汽车公司进入中国十周年的广告文案"有多少心，用多少心，中国路，大众心"，滴滴专车的广告语"打开车门就是家门"，等等。优秀广告文案如图 1-1 和图 1-2 所示。

图 1-1 优秀广告文案 1

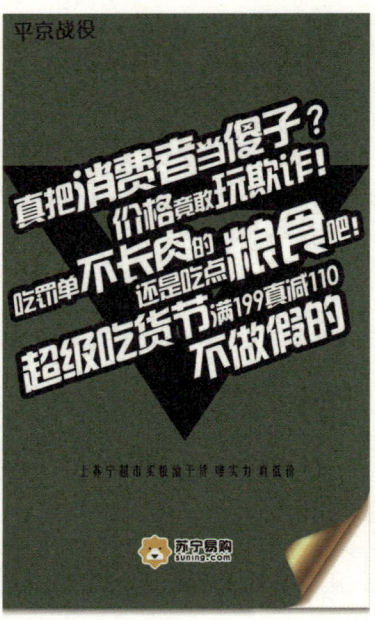

图 1-2 优秀广告文案 2

狭义的广告文案，可以从以下几个方面来理解。

（1）广告文案只存在于已经完成的广告作品中。

（2）广告文案是指广告作品中的文字。

（3）广告文案有规范的格式和结构。

三、学习任务小结

通过本次课的学习，同学们初步了解了广告文案的含义，从狭义上来说，广告文案是已经完成的广告作品中的文字部分。首先，广告文案存在于已经完成的广告作品中，与广告策划、创意有关但不属于已完成的广告作品的文字，都不是广告文案。其次，广告文案是文字，广告中的图片、音乐等均不属于广告文案。

四、课后作业

（1）从一份报纸或者一本杂志中找出一则广告，阅读该广告的文案，然后标出该广告的标题、正文、口号和随文。

（2）以组为单位收集优秀的广告文案，并整理与汇总，制作成 PPT 进行展示。

广告文案的特点及作用

教学目标

（1）专业能力：了解广告文案的特点，理解广告文案的作用。

（2）社会能力：提高广告文案的写作水平，懂得欣赏优秀的广告文案。

（3）方法能力：文字编写与组织能力，资料收集与归纳能力。

学习目标

（1）知识目标：理解和掌握广告文案的特点及作用。

（2）技能目标：能进行简单的广告文案写作。

（3）素质目标：自主学习、举一反三，理论与实践相结合。

教学建议

1. 教师活动

（1）教师展示前期收集的优秀的广告文案，并运用多媒体课件、教学视频等多种教学手段，提高学生对广告文案的认识。

（2）深入浅出、通俗易懂地进行知识点讲授和应用案例分析。

2. 学生活动

（1）认真听课、看课件、看视频；记录问题，积极思考问题，与教师良性互动，解决问题；总结、做笔记、写步骤、举一反三。

（2）仔细观察、学以致用，积极进行小组间的交流和讨论。

一、学习问题导入

广告文案作为一种特殊的应用文，它的写作有自身的规律，与文学写作、新闻写作和公文写作都有很大的差别。广告文案的写作应具有真实性、独创性、商业性、优美性、简洁性等特点。只有理解这些特点，才能更好地提高广告文案的写作水平。优秀的广告文案在广告活动中发挥着重要的作用，它可以表现广告创意的核心，传达广告的意图、诉求和承诺，突出广告的主题和主旨，塑造企业形象和品牌形象。

二、学习任务讲解

1. 广告文案的特点

（1）真实性。

真实性是广告文案写作的首要原则。在广告活动中，广告文案与广告作品中的其他要素共同作为广告活动的"代言人"与受众对话，受众通过"代言人"的介绍来认识企业、商品和服务。这个"代言人"所说的话真实与否，在很大程度上决定着受众能否得到真实、准确的信息，能否产生正确的消费意向。因此，只有遵循真实性原则的广告文案，才符合"以人为本"的广告理念；丧失了可信度的广告文案毫无生命力和价值。商家和广告文案人员诚实地发布广告信息，是对受众的最好服务。

（2）独创性。

一个广告文案能否吸引人，激发受众的兴趣，主要取决于它有没有独到之处。从这个角度来看，独创性是广告文案成功的关键。广告文案的写作必须遵守基本的语言文字规范，在这个前提下，广告文案人员应尽可能挖掘文字的潜能，运用富有个性的字词和修辞方式，创造出具有独创性的广告宣传用语。广告文案如果独创性不够，就无法吸引受众的注意力，也不能产生震撼力，留给受众的印象就不会持久。由于现代社会同类商品越来越多、同质化倾向愈演愈烈，平庸的广告文案很难吸引受众的眼球，广告文案人员必须将广告文案的独创性作为一个重要的原则来遵循。具有独创性的广告文案案例如图 1-3 和图 1-4 所示。

图 1-3 具有独创性的广告文案案例 1　　　**图 1-4 具有独创性的广告文案案例 2**

（3）商业性。

广告文案与小说、诗歌、散文等文学作品不同，它直接或间接地为商品促销服务，无论是广告主题，还是广告标语，都不可避免地被打上浓厚的商业烙印。许多广告文案如果单纯从其字面意义来看，好像没有浓重的商业色彩。优美的文字、诗一般的语言、梦幻的意境，都为广告蒙上了一层美丽而又虚幻的面纱。但这种广告文案的实际目的仍是引导受众产生美好的联想，进而产生消费意向，所以它同样具有商业性。具有商业性的广告文案案例如图1-5所示。

图1-5　具有商业性的广告文案案例

（4）优美性。

广告文案的艺术性虽然与诗词歌赋等文学作品不同，但优美的广告文案往往能达到非常好的效果。优秀的广告文案不应只是空洞、乏味的文字与数字的组合，而是要在完成商品促销的同时，尽可能给人以美的感受。广告文案应当具有优美性，将意境美作为其追求的最高境界。具有优美性的广告文案案例如图1-6所示。

图1-6　具有优美性的广告文案案例

（5）简洁性。

　　优秀的广告文案并不是形容词的堆砌，而是简洁、质朴的语言。现代社会生活节奏越来越快，人们的工作压力也越来越大，很少有人会耐心地、长时间地去阅读一则广告。因此，广告文案应力求简约，诉求重点明确突出；切忌长篇大论，将诉求重点淹没在文字"海洋"里。另外，广告作品还受到所依附的媒介的限制。因此，广告文案只有足够简洁才能最大限度地有效利用媒介。具有简洁性的广告文案案例如图1-7和图1-8所示。

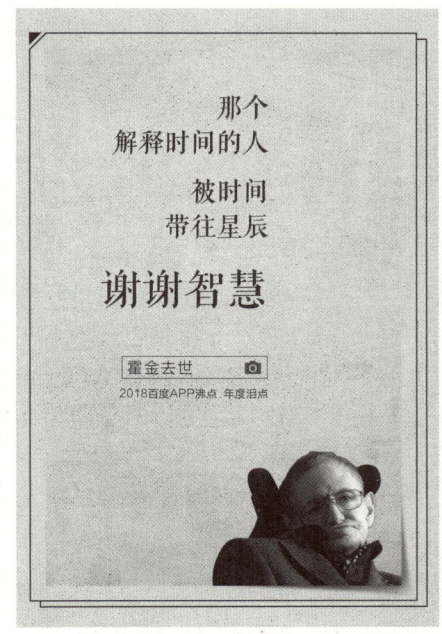

图1-7　具有简洁性的广告文案案例1　　**图1-8　具有简洁性的广告文案案例2**

2. 广告文案的作用

优秀的广告文案应具有以下作用。

（1）加深印象。广告文案的反复宣传可以加深受众对企业、品牌、商品或服务的印象。

（2）长久促销。广告文案可以表明商品个性和消费者需求的内在关系，达到长久促销的目的。

（3）树立形象。广告文案可用来传播企业（广告主）的精神、观念和宗旨，树立企业的良好形象。例如，IBM 公司（国际商业机器公司）的广告文案"四海一家的解决之道"，表达了 IBM 公司为实现世界大同而做出的努力。

（4）倡导观念。广告文案可以改变受众的消费观念，甚至引导新的流行文化。

三、学习任务小结

广告文案应具备真实性、独创性、商业性、优美性、简洁性等特点。只有理解这些特点，才能创作出优秀的广告文案。优秀的广告文案在广告活动中发挥着重要的作用，是广告活动的灵魂，甚至是广告作品成功的关键。

四、课后作业

为抖音撰写一个广告文案，字数要求为 20 ～ 30 字。

学习任务 三 广告文案的分类及组成

教学目标

（1）专业能力：了解广告文案的分类及组成，学会区分不同类型的广告文案。

（2）社会能力：理解不同类型的广告文案的特点，懂得欣赏优秀的广告文案。

（3）方法能力：文字编写与组织能力，资料收集与归纳能力。

学习目标

（1）知识目标：理解和掌握广告文案的分类和组成。

（2）技能目标：能结合不同类型的广告文案的特点，尝试撰写简单的广告文案。

（3）素质目标：自主学习、举一反三，理论与实践相结合。

教学建议

1. 教师活动

（1）教师展示前期收集的不同类型的广告文案，分析其写作要点，提高学生对广告文案写作的认识。

（2）深入浅出、通俗易懂地进行知识点讲授和应用案例分析。

2. 学生活动

（1）认真听课、看课件、看视频；记录问题，积极思考问题，与教师良性互动，解决问题；总结、做笔记、写步骤、举一反三。

（2）仔细观察、学以致用，积极进行小组间的交流和讨论。

一、学习问题导入

广告文案可以根据不同的标准和角度进行划分，例如按媒体划分、按文体划分、按内容划分和按诉求划分等。广告文案一般由四个部分组成，分别是标题、正文、口号和随文。

二、学习任务讲解

1. 广告文案的分类

广告文案按媒体划分可以分为报纸广告文案、杂志广告文案、广播广告文案、电视广告文案、网络广告文案、户外广告文案等。

广告文案按文体划分可以分为记叙文广告文案、论说体广告文案、说明体广告文案和文艺体广告文案等。

广告文案按内容划分可以分为消费物品类广告文案、生产资料类广告文案、服务娱乐类广告文案、信息产业类广告文案、企业形象类广告文案和社会公益类广告文案等。

广告文案按诉求划分可以分为理性诉求型广告文案、情感诉求型广告文案、情理交融型广告文案。

在这个以人为本的社会，按诉求划分广告文案的类型是目前区分广告文案的主流方式。

（1）理性诉求型广告文案。

理性诉求型广告文案即以说明道理为主要内容的广告文案，又叫作"说明广告"。人类的大部分行为都是有意识的，人们购买商品，尤其是名目繁多、价值不菲的商品，都要经过了解、比较和思考。以理性诉求为主的广告文案，就是根据人们采取行动之前的想法，充分说明商品的特点，以激发人们有意识的购买行为。这类广告文案常用演绎法和归纳法，其突出的特点是允许当众试验，保证包修、包换、包退等，表明商品经某权威机构鉴定或经该行业专家赞许，用可靠的记录、统计等证明商品的优良品质。这类广告多用于生产资料、机电产品、交通工具、家具、建筑材料、不受时间约束的选购品、注意实际效用的高档商品等。理性诉求型广告文案案例如图1-9所示。

（2）情感诉求型广告文案。

情感诉求型广告文案即以感性诉求方式，通过情绪的撩拨或情感的渲染，让消费者产生情绪反应或心灵上的震撼，引起强烈共鸣，激发他们的购买欲望和行为的广告文案。这类广告文案以情感人，追求情调的渲染和氛围的烘托，富有人情味，容易打动消费者的心，多用于装饰品、化妆品、时髦商品，以及其他软商品。以情感诉求为重点来寻求广告创意，是当今广告文案的主要发展趋势，例如美团外卖把"快捷"作为广告文案的要素，关键口号为"美团外卖，送啥都快"，强调了其服务的快捷性，增强了广告的说服力。情感诉求型广告文案案例如图1-10所示。

图1-9　理性诉求型广告文案案例

（3）情理交融型广告文案。

情理交融型广告文案即将理性诉求和感性诉求融为一体，动之以情，晓之以理，全方位说服消费者的广告文案。理性诉求型广告文案存在平淡、乏味、生硬等缺点，情感诉求型广告文案存在信息量少、说服力不足等缺点，情理交融型广告文案能避开两者的不足，将两者优势相结合。它既能通过理性诉求传达客观信息，与消费者讲道理；又能通过感性诉求在消费者情感方面做文章，打动消费者，刺激消费者的购买行为；还能强化广告感染力和说服力。这类广告文案多用于电视机、音响、摩托车、汽车等耐用消费品和贵重商品。

2. 广告文案的组成

广告文案通常由标题、正文、口号和随文四个部分组成。

（1）标题。

优秀的广告文案标题能吸引受众的注意，突出广告的主题。调查显示，阅读标题的人比阅读正文的人平均多两至四倍。为了突出标题，广告文案必须将标题置于最醒目的位置，突出广告主题，展现显而易见、清晰无误的承诺；还要新颖奇特，以吸引受众的注意。

图 1-10 情感诉求型广告文案案例

（2）正文。

广告正文是广告文案的主体，是对广告标题的解释和对广告主题的详细阐释。广告正文的创作人员必须凭借一定的语言和文字技巧，全面传达关于企业、商品和服务的信息，引起受众的兴趣。

（3）口号。

广告口号又称广告标语，是广告的中心。它是为了加强受众对企业、商品或服务的印象，在较长一段时间内被反复使用，集中体现广告阶段性战略的一种简练的口号性语句。

（4）随文。

广告随文即广告文案中的附属性文字，一般情况下附于广告正文之后，对广告正文做必要的补充，多为比较固定的内容。广告随文的内容通常包括：品牌、企业名称和标志，企业地址，联系人，联系方法，购买商品或获取服务的方法，特殊标志，需要特别说明的内容和附加的表格。

具有标题、正文、口号、随文的广告文案案例如图 1-11 和图 1-12 所示。

图 1-11 保护野生动物广告文案

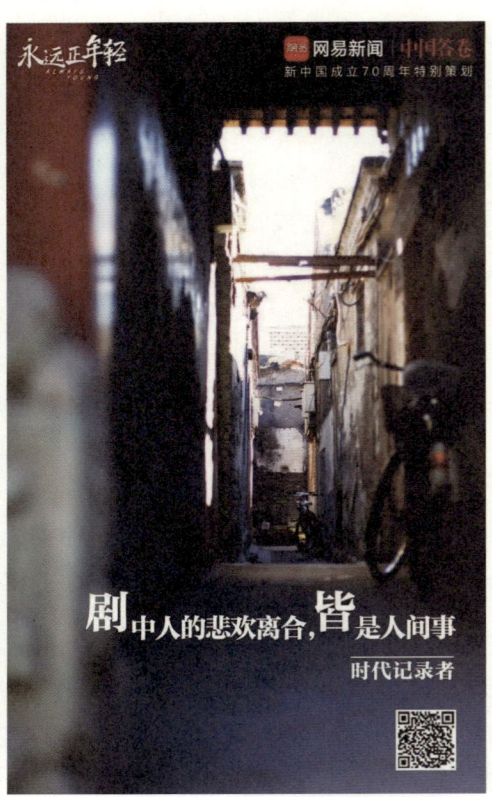

图 1-12　网易新闻广告文案

三、学习任务小结

通过本次课的学习，同学们初步了解了广告文案的分类及组成，通过对优秀广告文案的赏析，提升了对广告文案的直观认识。广告已经渗透社会经济生活的各个方面，广告文案在广告中的作用也越来越重要。想写出好的广告文案，不仅要有深厚的文字组织与语言创意能力，还要非常清晰地了解商品的定位，结合商品的典型特点去打动消费者。课后，大家要多收集优秀的广告文案，分析其写作方法和文字组织逻辑，提高广告文案写作能力。

四、课后作业

收集 20 个不同类型的广告文案，并制作成 PPT 进行展示。

学习任务 四

广告文案的写作原则

教学目标

（1）专业能力：理解广告文案的写作原则。

（2）社会能力：在广告文案的写作过程中，能遵守真实性、原创性等原则，切忌虚假宣传。

（3）方法能力：文字编写与组织能力，资料收集与归纳能力。

学习目标

（1）知识目标：掌握广告文案的写作原则。

（2）技能目标：能按照广告文案的写作原则撰写完整的广告文案。

（3）素质目标：自主学习、举一反三，理论与实践相结合。

教学建议

1. 教师活动

（1）教师前期收集严格遵守广告文案写作原则和不遵守广告文案写作原则的广告文案，进行分析、比较，加深学生对广告文案写作原则的理解。

（2）深入浅出、通俗易懂地进行知识点讲授和应用案例分析。

2. 学生活动

（1）认真听课、看课件、看视频；记录问题，积极思考问题，与教师良性互动，解决问题；总结、做笔记、写步骤、举一反三。

（2）仔细观察、学以致用，积极进行小组间的交流和讨论。

一、学习问题导入

广告文案的写作要遵守严肃的原则，包括真实性原则、原创性原则和有效传播原则。真实性原则在广告文案写作原则中居于核心地位，是防止传播虚假广告信息，营造诚信的广告语境，切实维护消费者权益的主要原则；而原创性原则和有效传播原则是广告能否吸引人的关键。

二、学习任务讲解

广告文案写作的三大原则是真实性原则、原创性原则和有效传播原则。

1. 广告文案写作的真实性原则

广告文案是最直接地与消费者产生联系的广告形式，消费者通过广告文案的介绍来认识企业、商品和服务，并产生消费意向。真实性是广告文案的生命力所在，广告文案是否真实、可信，很大程度上决定着受众能否产生消费意向。

广告文案写作的最终目的是诱导和说服受众产生消费行为。广告借助广告文案宣传商品的功能、特点，期望得到受众的认可。广告文案经媒体广泛传播，能产生一定的经济效应和社会效应。因此，广告文案的写作在一定程度上具有功利性和目的性，同时具备对消费者的道德责任。不真实的广告文案会产生较强的负面效应，影响商品的销售和企业形象。

广告文案真实性原则的具体表现主要有以下几点。

（1）广告信息必须来源于客观真实的存在。

广告文案中向受众传达的广告信息必须来源于客观真实的存在，特别是有关企业、商品、服务的内容、形式、质量、功能、价格和承诺等信息必须是真实的。

（2）广告信息要全面且准确。

"全面"指的是广告文案在表达广告信息时，应全面客观地反映商品，而不是以偏概全或为了突出商品的利益点而故意不表明商品的负面因素。广告文案既要将广告中商品的优势表现出来，又要清晰阐述商品的不足之处，让受众获得关于商品的全面信息。

"准确"指的是广告文案对广告信息的表述要准确、到位，包括以下几点。

①广告文案对商品的性能、产地、用途、质量、价格、生产者、有效期限、承诺等的阐述必须清晰，不能含糊其词。

②广告文案应表明购买商品后可得到的服务；如提供或赠送礼物，应当标明礼物的品种和数量。

③在广告文案中使用有关数据、统计资料、调查结果、文摘、引用语等方式提供商品质量和功能保证的，其全部资料都必须真实、准确，并应标明出处。

④为避免产生歧义，广告文案中不得使用模糊性语言和易造成歧义的语言。

（3）形成形式虚构和信息真实之间的辩证关系。

广告的一个重要特点是真实的广告信息采用虚构的广告形式来表现，因此，要正确处理形式虚构和信息真实之间的关系。信息真实指的是广告文案中所描述的消费者所能获得的利益和承诺必须真实，而形式虚构指的是广告文案可以用虚拟的场面、情景和行为等来表现真实的广告信息。坚持真实性原则与广告文案写作中强调的广告创意并不矛盾，只要广告文案能够做到在信息真实的基础上进行形式和内容上的创意，用创意的手法表现真实的广告信息即可。

2. 广告文案写作的原创性原则

（1）原创性的定义。

原创性又称原创力、独创性。原创性是指与众不同的首创，是在广告运作过程中赋予广告以独特的吸引力和生命力的力量。广告文案的原创性表现在将原本存在的要素重新排列组合，用一种新颖而与众不同的方式来传达，使人们发现习以为常的事物的新含义。

现代社会同类商品越来越多，同质化倾向愈演愈烈，商品信息铺天盖地，一般的广告表现形式很难吸引目标受众的注意。因此，广告文案写作将原创性作为一个重要的原则来遵循。

（2）原创性的表现内容。

原创性不仅仅在于形式上的"想人所未想，发人所未发"，而是包括以下两个方面的内容。

① 表现手法的独创。

表现手法的独创即形式的独创。为了让广告文案更吸引人，在众多的广告文案中脱颖而出；为了让广告文案成为品牌的独特印记，使其在众多的品牌中富有个性；为了让感性的受众因为喜爱广告文案中所体现的某种品牌情趣而发生购买行为，广告文案写作要在形式上体现原创性。

形式的独创既可以是创造新的表现形式；也可以是将前人创造的有意味的形式与现代的形式组合，形成一种新的形式。

② 信息内容的独创。

广告文案不仅要寻找到独特的信息内容进行表现，也要寻找到能让商品从同类中突显出来并吸引受众的新信息，这就是信息内容的独创。信息内容的独创不仅体现在能表现其他商品无法替代的利益点、生产背景和附加价值，也体现在能阐述别人没有阐述的商品特点，还体现在能借助心理暗示创造价值。

（3）原创性原则的基本要素。

原创性原则的基本要素包括以下三点。

① 原创必须是独创。

前所未有的、与众不同的才是原创，即使是新的表现形式、新的表达方式，不是独一无二的就不是原创。因此，新花样不是原创，跟风的更不是原创。

② 原创是形式和内容的共同独创。

如果将原创与一闪而过的念头或灵感完全等同，广告就会脱离内容，无限制地扩大原创的形式力量。因此，原创是形式和内容两方面的共同独创。形式的原创应为内容的独特化服务，并与内容相配合。

③ 发展原创是为了广告信息的有效传递。

原创是为了传达广告信息，也是为了诱导目标消费者发生购买行为。广告信息是基础，是原创存在的理由，不立足于广告信息有效传递的原创只是毫无意义的新花样。

3. 广告文案写作的有效传播原则

广告文案写作的有效传播原则包括以下几个方面的内容。

（1）在广告信息的选择中，要以广告的企业、商品、服务为原点，体现广告信息内容的与众不同。

（2）广告文案的结构、语言、风格等要体现与所表现的广告信息之间的独特组合和默契，使形式和内容有机结合，并产生一种共同感应。广告文案不仅要体现形式与商品的"类"的特性的独特组合，更要体现形式与商品个性的共通。

例如新加坡樟宜机场，为了表现机场装卸货物的高效率，在其平面广告中用对比的形式表现两架体形完全不同的玩具飞机，一架很胖，一架很瘦，其广告语是："仅在90分钟内就可减肥3000000磅。"这个广告文案用幽默的手法轻松地表达了广告信息，既形象、直观，又充分地表明了机场装卸货物的能力和效率。

（3）以与目标消费者之间的沟通、交流为目的，体现与目标消费者在形式和信息诉求之间的默契。

（4）杜绝毫无创意的平庸选择和表现；更杜绝貌似创意很新颖，实则没有任何原创意义的噱头和新花样。这需要有两方面的能力，即判断某种形式、某种信息诉求是否属于原创的能力和甄别原创、噱头和新花样的能力。广告文案人员应认识广告文案的独特意义，以目标消费者的眼光来观看和体会广告作品，不要被貌似有意味的形式所迷惑，而是根据有效传播的原则来考究广告作品。

（5）运用汉语特点，发挥汉语优势，在汉语特点和优势中寻找独特的意义。

三、学习任务小结

通过本次课的学习，同学们已经初步了解了广告文案写作的三大原则，分别是真实性原则、原创性原则和有效传播原则。真实性原则的核心是广告文案必须真实、客观地宣传商品或者服务，不得弄虚作假、欺骗和误导消费者。原创性原则是让广告文案具有独特的吸引力的重要原则。有效传播原则是广告文案的最终目的和追求。课后，同学们要多收集优秀的广告文案，并认真体会三大原则是如何应用到广告文案中的。

四、课后作业

找一则虚假宣传的广告，并指出其虚假宣传造成的后果。

项目二
文案在平面广告
中的应用

报纸广告文案的特点及写作技巧

教学目标

（1）专业能力：能明确表达报纸广告文案的特点，能正确运用写作技巧进行报纸广告文案的写作。

（2）社会能力：关注日常生活中报纸广告文案的特点，能从报纸广告文案中提取写作技巧并加以利用。

（3）方法能力：资料收集与整理能力，报纸广告文案案例分析、写作技巧提炼及应用能力。

学习目标

（1）知识目标：掌握报纸广告文案的特点和写作技巧。

（2）技能目标：能够从优秀的报纸广告文案中归纳出相应的写作方法和技巧，并加以提炼与应用。

（3）素质目标：能够明确、清晰地表达报纸广告文案的文化和艺术内涵，提高文化素养和审美能力。

教学建议

1. 教师活动

（1）教师展示和分析收集的报纸广告文案，提高学生对报纸广告文案的直观认识。

（2）教师通过对优秀报纸广告文案的展示与分析，让学生学习报纸广告文案的写作技巧。

2. 学生活动

（1）选取优秀的报纸广告文案进行点评，并分组进行现场展示与讲解，提高语言表达能力和沟通协调能力。

（2）自主学习、举一反三、学以致用。

一、学习问题导入

报纸作为一种廉价的信息传播媒介早已被大众所熟知和认可，它不仅具备容量大、易携带、可反复阅读等特点，还具有便于传达复杂信息的作用，至今仍被作为重要的信息传播媒介。

二、学习任务讲解

1. 报纸广告文案的特点

（1）内容全面。

报纸广告由文案和画面两部分构成，其中文案起主导作用，商品信息的传播主要依靠文案来完成；画面起衬托和美化作用，画面的美感可以强化广告的视觉效果，达到吸引受众关注、加强广告实效的目的。

众所周知，电视广告和广播广告都因为成本问题而有时长的限制，但报纸广告则没有时长的限制，它的文案可长可短，只要能突出商品的主要信息，便可在一定的版面范围内自由创作。因此，报纸广告文案的内容比其他几种类型的广告文案更加全面和细致，如图 2-1 所示。

图 2-1 报纸广告文案具有内容全面的特点

（2）结构完整。

广告文案的四个部分——标题、正文、口号和随文，在报纸广告文案中表现得最为完整和明显。因此，报纸广告文案所传达的信息也是最翔实和完整的，如图 2-2 所示。

图 2-2 报纸广告文案具有结构完整的特点

（3）版面独特。

报纸因其表现形式的特殊性（版面大、文字多），可以充分利用位置、构图、色彩等要素来加强广告的视觉效果。此外，印刷精美的报纸广告，能够对受众产生强大的吸引力；个性化的广告文案也能增强广告的宣传效果，如图 2-3 所示。

图 2-3 报纸广告文案具有版面独特的特点

2. 报纸广告文案的写作技巧

（1）标题要醒目。

在资讯日益发达的今天，人们每天都会接触大量的信息。因此，报纸广告文案的标题显得尤为重要，如果标题不够醒目，受众就很难将报纸中的内容仔细地阅读完，无法接收到有用的广告信息。这就要求报纸广告文案的标题要"语不惊人死不休"，如图2-4所示。

（2）内容要有故事性。

广告是一种推销手段，广告文案不能采用说教的形式。普通的报纸受众对故事性强的内容更加感兴趣，这也是现在流行软文广告的原因之一。通俗易懂的故事使人容易对内容产生信任感和共鸣，如图2-5所示。

（3）正文要长短适宜。

在信息爆炸的当今社会，简洁明了的信

图2-4 报纸广告文案的写作技巧1

息往往更容易被大众所关注和记住，衡量和评价广告文案优劣的标准并不是广告文案正文的长短，而是其传达的信息是否符合受众的需要。报纸广告文案正文当长则长、当短则短，只要其传达的信息明确、清晰即可，如图2-6所示。

图2-5 报纸广告文案的写作技巧2

图2-6 报纸广告文案的写作技巧3

（4）版面要适当留白。

对于报纸广告而言，过多的文字表述会让受众心生厌恶，过多的文字信息也会令人产生心理上的不适感。适当的版面留白处理可以很好地突出主体，让整个画面看上去更加透气、有活力，使主体更加鲜明、醒目，广告的表达效果更佳，如图 2-7 所示。

图 2-7 报纸广告文案的写作技巧 4

（5）语言要通俗易懂。

报纸广告文案应尽量避免使用过多的专业术语，报纸的受众是各行各业的人，因此报纸广告文案一定要通俗易懂，让受众感到贴心，这样更容易建立起信赖感，如图 2-8 所示。如果想要进行专业推介，可以选择专业杂志进行广告信息的宣传，使推介目标更加明确。

图 2-8 报纸广告文案的写作技巧 5

三、学习任务小结

通过本次课的学习，同学们已经初步了解了报纸广告文案的特点，掌握了报纸广告文案的写作技巧。通过对优秀报纸广告文案的赏析，提升了对报纸广告文案的深层理解。课后，大家要认真思考、归纳和总结报纸广告文案的写作方法和技巧。

四、课后作业

收集 5 份不同类型的报纸，试着找出你认为最有特色的报纸广告文案，并与同学们分享。

学习任务

二

杂志广告文案的特点及写作技巧

教学目标

（1）专业能力：了解杂志广告文案的特点，能正确运用写作技巧进行杂志广告文案的写作。

（2）社会能力：关注日常生活中杂志广告文案的表现形式，收集优秀的杂志广告文案，并归纳其写作技巧。

（3）方法能力：资料收集、整理和归纳能力，设计构思能力及审美能力。

学习目标

（1）知识目标：掌握杂志广告文案的特点和写作技巧。

（2）技能目标：能够创造性地进行信息的整合，并灵活运用写作技巧进行杂志广告文案的写作。

（3）素质目标：能够深入挖掘杂志广告文案的写作技巧，并清晰地表达杂志广告文案的艺术内涵，提高审美能力。

教学建议

1. 教师活动

（1）教师展示前期收集的不同类型的杂志广告文案，帮助学生更好地理解杂志广告文案的特点。同时，运用多媒体课件、教学视频等多种教学手段，指导学生进行杂志广告文案写作。

（2）教师通过对优秀杂志广告文案的展示与分析，让学生学习如何从日常生活和优秀杂志广告文案中提炼写作思路，并创造性地进行内容的分析与重组。

2. 学生活动

（1）选取几组具有代表性的杂志广告文案进行深度分析，提高语言表达能力和审美能力。

（2）提高学习自觉性和主动性，养成日常积累的好习惯，为今后进行杂志广告文案写作打下良好的基础。

一、学习问题导入

　　杂志是指有固定刊名，以期、卷、号或年、月为序，定期或不定期连续出版的印刷物。它根据一定的编辑方针，将众多作者的作品汇集成册并定期出版，又称期刊。杂志和报纸一样，都以文字和静态的画面作为传达信息的手段。杂志除了容量大、易携带、可反复阅读等优点外，印刷也相对精美，故一直被大众所喜爱。

二、学习任务讲解

1. 杂志广告文案的特点

　　杂志以文案、画面、版面、色彩等内容为主要表现要素，与报纸相比，杂志的知识性、娱乐性和专业性都更加明确。杂志广告文案的特点主要有以下几点。

　　（1）图文并茂。

　　精美、鲜艳的画面能够吸引受众的注意力，大面积的宣传照能够清晰地展现广告商品的特性，更容易激发目标受众的购买需求。因此，杂志广告中图片的面积较大，数量较多，色彩更加丰富，图文并茂是杂志广告常用的表现形式，如图2-9所示。

　　（2）简洁精练。

　　杂志广告多以视觉语言来表现具象实体的特点，因此广告文案中的标题和正文就起到画龙点睛的作用。杂志广告文案比报纸广告文案更加简洁精练，视角更加独特，如图2-10所示。

图 2-9　杂志广告文案具有图文并茂的特点

图 2-10　杂志广告文案具有简洁精练的特点

具体来说，简洁精练的特点有以下几种表现形式。

① 图多字少。

图片往往能够更直观、清晰地展现商品特点，使受众无需仔细地阅读文字便能了解广告所要表达的内容。因此，在杂志广告中，广告文案往往作为图片的有效补充，起辅助作用，如图 2-11 所示。

② 标题突出。

由于杂志广告图多字少，其广告文案的正文内容就要尽可能精简。精简的文案正文能够很好地衬托文案标题，使整个版面显得大气、有整体感；还能既美观又醒目地传递主体信息，如图 2-12 所示。

③ 专业性强。

与报纸、电视和广播广告不同，杂志广告一般是针对某一专业领域或方向，向特定人群传递信息的一种媒介。因此，杂志广告文案的内容必须能够体现商品或服务的专业性，以满足特定人群的需求，进而达到良好的广告传播效果，如图 2-13 所示。

图 2-11 图多字少的杂志广告文案

图 2-12 标题突出的杂志广告文案

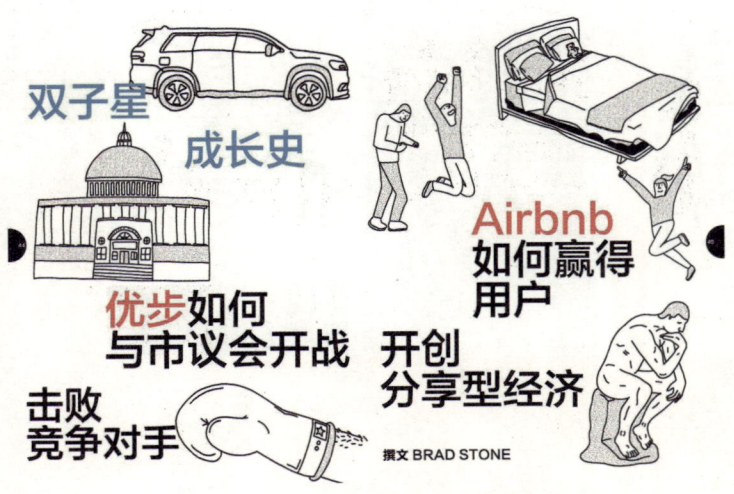

图 2-13 专业性强的杂志广告文案

2. 杂志广告文案的写作技巧

杂志广告与报纸广告相比，重复阅读率更高，纸张、印刷效果也更为精良。所以，杂志广告视觉表现力更强，其文案的视觉表现力也更强，如图 2-14 所示。

杂志广告文案的写作有以下几个方面的技巧。

（1）文字要有感染力（如图 2-15 所示）。

杂志广告文案一般比较精练，且具有较强的感染力，能引起受众的共鸣。文案中经常会加入一些加强语气的句子，比如排比句、反问句和设问句，这可以让文案更加生动，更加引人入胜。此外，文字的设计要具有丰富的想象力和创造力，同时必须是真情实感的体现。想要感动别人，首先要感动自己，感动自己的文案往往是影射自己经历和心声的文案，因此感动别人的文案也应该是能够让别人联想起自己经历和心声的文案，这样才能引起别人的共鸣。

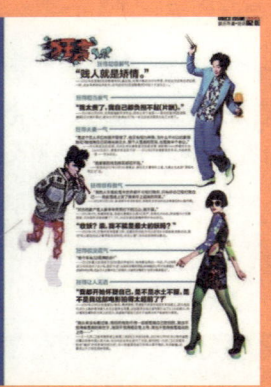

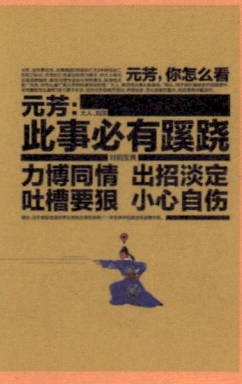

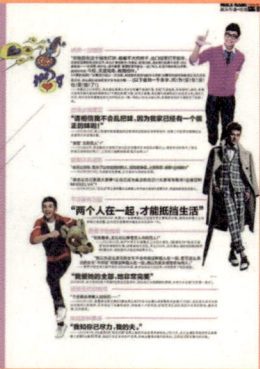

图 2-14　杂志广告文案的视觉表现力

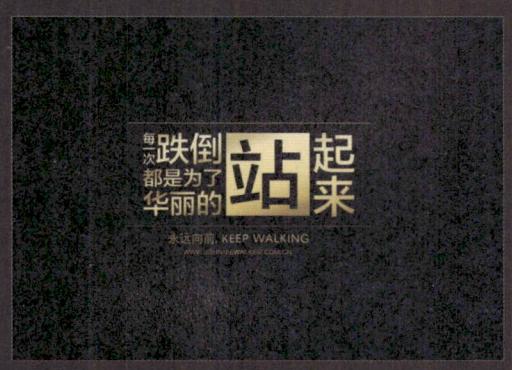

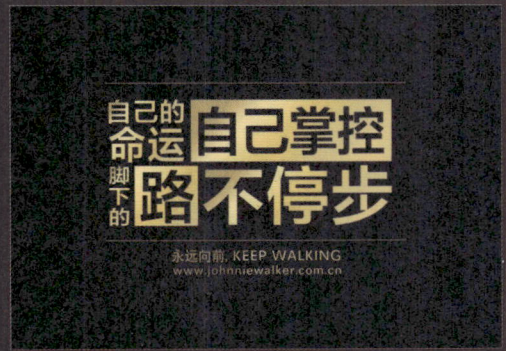

图 2-15 杂志广告文案的写作技巧 1

（2）标题要足够醒目（如图 2-16 所示）。

　　杂志广告文案的标题要突出、醒目，具有一定的视觉冲击力。可以选择个性化较强的字体，体量上要形成大小对比关系；色彩上要有强烈的对比效果，形成层次分明的图底关系，拉开标题与背景的空间距离。

图 2-16　杂志广告文案的写作技巧 2

（3）内容要有创新性，表达要有深度（如图2-17和图2-18所示）。

杂志广告文案的正文内容要有创新性。首先杂志广告文案的文字要精练、有概括性、言简意赅，通过简单的描述突出重点和主题，不要长篇大论。其次，杂志广告文案要与时代特点和商品的典型特点紧密结合，让消费者能通过阅读文字产生丰富的联想，形成对商品的认知和认同感。最后，杂志广告文案要有一定的隐喻和内涵，暗示某种人生哲理，耐人寻味，能引发消费者的深层思考。

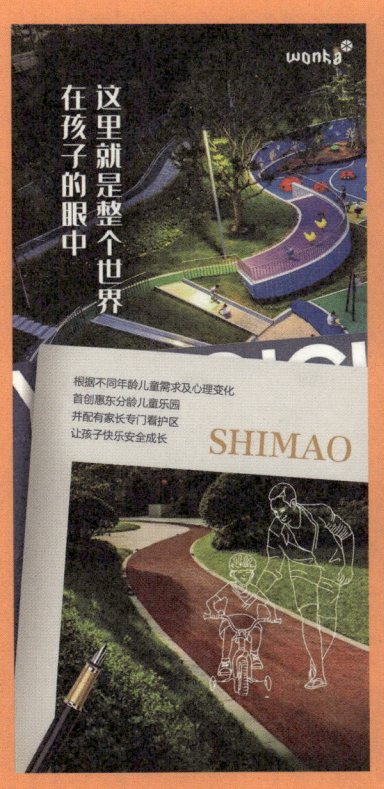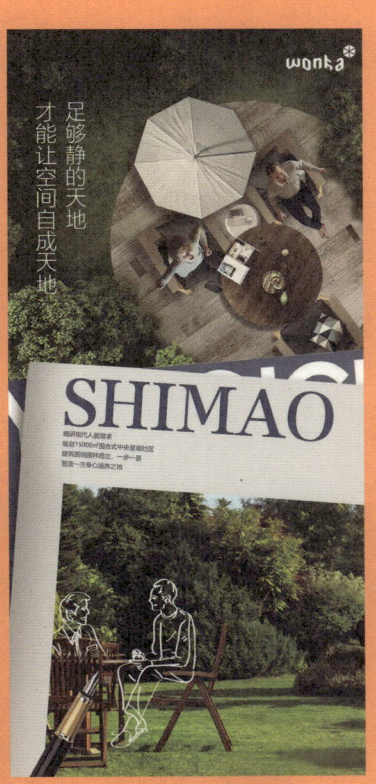

图2-17 杂志广告文案的写作技巧3

图2-18 杂志广告文案的写作技巧4

三、学习任务小结

通过本次课的学习，同学们已经初步了解了杂志广告文案的特点，掌握了杂志广告文案的写作技巧。通过对优秀杂志广告文案的赏析，提升了对杂志广告文案的深层理解。课后，同学们要多看、多思索，在日常生活中收集优秀的杂志广告文案，找出其中具有代表性的内容进行深入分析，理解其中蕴藏的深层内涵。

四、课后作业

收集 20 个优秀的杂志广告文案，并与同学们分享。

DM 广告文案的特点及写作技巧

教学目标

（1）专业能力：掌握 DM 广告文案的特点和写作技巧。

（2）社会能力：关注日常生活中各类 DM 广告文案的写作技巧，收集优秀的 DM 广告文案，能运用所学知识进行 DM 广告文案的修改与完善。

（3）方法能力：实际操作能力，资料收集能力，信息提炼与应用能力。

学习目标

（1）知识目标：掌握 DM 广告文案的特点和写作技巧。

（2）技能目标：能够撰写简单的 DM 广告文案。

（3）素质目标：能够明确、清晰地表达 DM 广告文案的文化和艺术内涵，提高审美能力和文化素养。

教学建议

1. 教师活动

（1）教师通过分析与讲解 DM 广告文案的特点和写作技巧，指导学生撰写简单的 DM 广告文案。

（2）教师通过对优秀 DM 广告文案的展示与分析，让学生学习如何撰写 DM 广告文案。

2. 学生活动

（1）理解 DM 广告文案的特点，分析其写作技巧，在教师的指导下撰写简单的 DM 广告文案。

（2）自主学习、自我管理、学以致用，理论与实践相结合。

一、学习问题导入

DM 广告又被称为"直邮广告",是通过邮递服务公司直接运送广告至潜在客户群的一种广告形式。DM 广告通常以家庭或公司等为宣传对象,具有一定的针对性。DM 广告与其他形式的广告的最大区别在于,DM 广告可以直接将广告信息传送给目标受众,而其他形式的广告只能将广告信息笼统地 传递给所有受众(不管受众是不是广告信息的目标受众)。

DM 广告有广义和狭义之分,广义的 DM 广告包括广告宣传单、优惠券等;狭义的 DM 广告指的是装订成册、印刷精美的广告宣传画册,以及在公共场所供人免费取阅的广告宣传手册,如图 2-19 所示。

二、学习任务讲解

1.DM 广告文案的特点

DM 广告的受众非常明确,广告投放的地点多为高档写字楼、大型商场、高档住宅区等。与其他广告相比,DM 广告的表达方式更加直接、明确,图片和文案都更加具有导向性,以此激发受众的购买欲望,实现广告的最终目标,即创造价值。

图 2-19 DM 广告案例

2.DM 广告文案的写作技巧

(1)语气要自然。

DM 广告是直接邮寄给受众的广告,与其他广告相比,它更像是私人信函。因此,DM 广告文案语气要自然、礼貌,这样才能打动受众。如图 2-20 所示的 DM 广告就营造了非常舒适的意境,很容易引起受众的共鸣。

图 2-20 DM 广告文案的写作技巧 1

（2）信息要详尽。

DM 广告应该尽可能全面地为受众提供有效信息，诚实地介绍商品或服务。如果是商品介绍，可提供商品图片、简介和用户客观评价，使广告效果更直接。如图 2-21 所示的 DM 广告将商品的信息都做了阐释，内容明确、无歧义。

图 2-21 DM 广告文案的写作技巧 2

（3）巧用宣传语。

为了达到更好的宣传效果，DM 广告文案要强调视觉效应。如图 2-22 所示的 DM 广告将"一触即发"改为"1 触即发"，突出数字"1"的视觉冲击力，再结合中华民族博大精深的语言艺术，以及广告所要传达的信息，将"不二之选"和"不见不散"分别改为"不 2 之选"和"不见不 3"，从而形成"1、2、3"的数字序列。

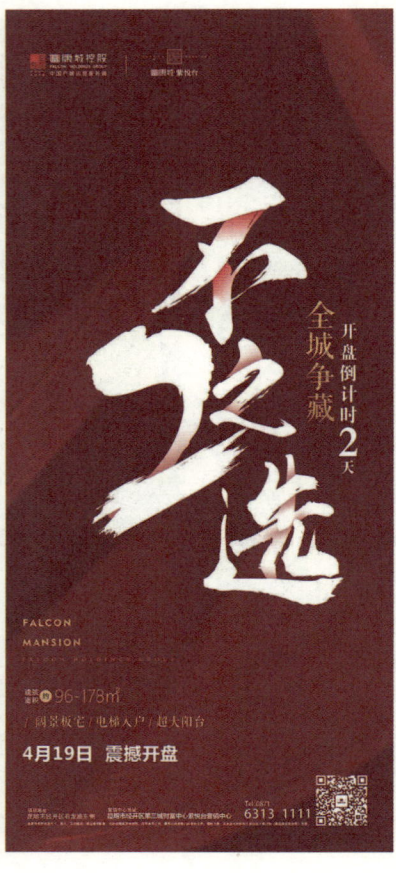
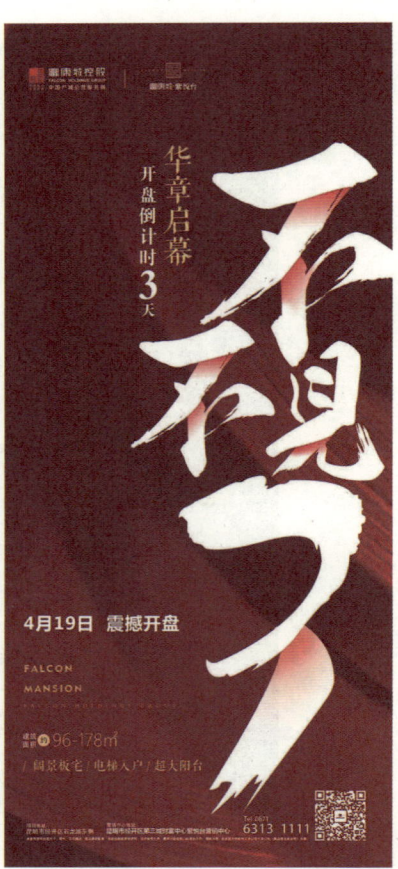

图 2-22 DM 广告文案的写作技巧 3

（4）内容要易于理解。

DM 广告文案还要向受众传达利好信息，将购买商品或服务所能获得的利益向受众进行表述，说明利益从何体现。这部分内容一定不能给人以深不可测之感，而是要使人一目了然，如图 2-23 所示。

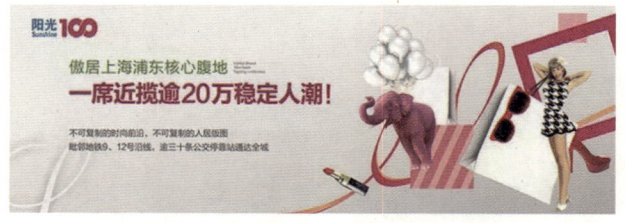

图 2-23 DM 广告文案的写作技巧 4

（5）要重复强调重要信息。

重复强调重要信息是强化主题的较好方法，可以让受众对商品或服务产生强烈的预期，如图 2-24 所示。

三、学习任务小结

通过本次课的学习，同学们已经初步了解了 DM 广告文案的特点和写作技巧。课后，同学们要多收集优秀的 DM 广告文案，并仔细地分析与理解，归纳出 DM 广告文案的写作方法和技巧，逐步提高自己的写作能力。

四、课后作业

收集 5 个优秀的 DM 广告文案，并尝试指出其优缺点。

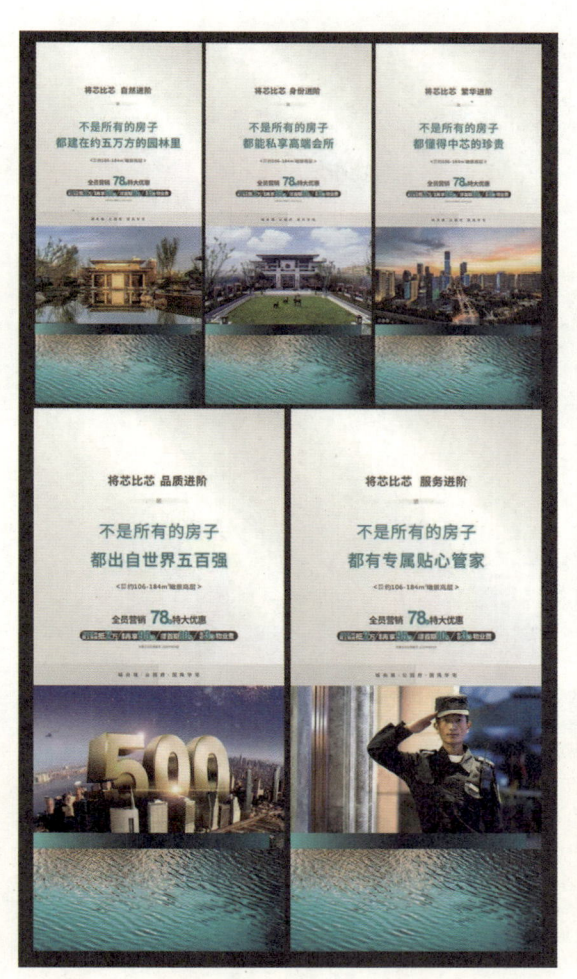

图 2-24 DM 广告文案的写作技巧 5

项目三
文案在电视广告中的应用

学习任务 一　电视广告文案的特点

教学目标

（1）专业能力：了解电视广告文案的特点，能撰写电视广告脚本。

（2）社会能力：关注日常生活中优秀的电视广告文案，并做好收集整理工作，能够运用所学知识进行简单的电视广告文案的写作。

（3）方法能力：资料收集与整理能力，电视广告文案特点的分析、提炼与应用能力。

学习目标

（1）知识目标：掌握电视广告文案的特点。

（2）技能目标：能够从优秀的电视广告文案中归纳出其特点，并灵活地运用。

（3）素质目标：能够明确、清晰地表达电视广告文案的文化和艺术内涵，提高文化素养和审美能力。

教学建议

1. 教师活动

（1）教师讲解电视广告文案的特点，提高学生对电视广告文案的直观认识。

（2）教师通过对优秀电视广告文案的展示与分析，让学生了解电视广告文案的写作方法。

2. 学生活动

（1）学习优秀的电视广告脚本，并分组进行讲解与分析，提高语言表达能力和独立思考能力。

（2）扩大视野，提高认知水平，学以致用。

一、学习问题导入

同学们，大家好，本次课我们一起来学习电视广告文案的特点，大家先阅读下面的电视广告脚本。

7-ELEVEn 24 小时连锁便利店电视广告脚本

年轻人：凌晨四点，整个城市好像只有那个角落让人觉得明亮且温暖。

店员：我记得那天冷冷的，在下雨，他站在那里喝咖啡，心情好像很坏的样子。

年轻人：只不过在他那儿喝一杯咖啡而已，他就像老朋友一样陪我聊了好久。

店员：我只不过问问他是不是工作不顺利，他就像好久没跟人说过话一样，一说就说个不停。

年轻人：我好像第一次跟一个陌生人讲那么多话，在这个角落里，第一次感觉到许多人竟然可以那么单纯、那么认真地活着。

店员：嘿，刮刮胡子吧！

店员：常来哦，别忘了这个方便的好邻居哦！

年轻人：那个凌晨，觉得自己的脸那么清爽，那个角落真的特别亮、特别温暖。

这则电视广告描述的是一个工作到深夜的年轻人，到 7-ELEVEn 24 小时连锁便利店喝咖啡，和店中一位店员发生的故事，该故事以两人内心独白的方式展开。仔细分析，我们便会发现，该广告很好地揭示了 7-ELEVEn 24 小时连锁便利店的企业形象，突出了该企业的人文关怀。它的高明之处在于通过两人的交叉记忆和陈述，清晰地描述了故事的发展过程，同时塑造出个性鲜明的人物形象，广告的主要诉求点表达得十分清晰。

二、学习任务讲解

电视媒体是视、听信息均具备的大众传播媒体，是一种以看为主、以听为辅的传播形式。电视广告若仅仅强调画面，而忽视语言，则不能达到想要的效果；只有通过画面与语言的结合，才能获得"视听合一"的效果。因此，电视广告文案中语言的运用非常重要。电视广告文案具有以下特点。

1. 重视语言的作用

语言和画面是电视广告的重要组成部分。虽然相对于画面的直观性而言，语言处于辅助地位，但画面在一定程度上存在局限性，因此有声的语言作为画面的补充能起到重要的说明作用。

案例一：索尼电视广告

画面：长沙发上，一位男青年在看电视。人物为正面，下同。

男青年旁边多了一位女青年。

中途又出现了一个活泼可爱的男孩。

这对男女逐渐变老了。

沙发上又多了他们的儿媳和两个孙子。

画外音："这是索尼。"

这则电视广告通过动态变化的画面进行叙事，表达了索尼电视机伴随了三代人，虽然岁月流逝，但是索尼的品质不变，并为三代人所喜爱的故事。广告最后的画外音"这是索尼"强调了索尼的品牌形象，未加任何修饰，却传达出丰富的内涵。

2. 注重"视"与"听"的统一

电视广告中，画面必须与语言同步，否则会影响广告信息的传达。

案例二：富力现代广场电视广告脚本（表3-1）

表3-1 富力现代广场电视广告脚本

镜头	画面	音效	字幕
1	在繁华的广州市江南西步行街，一个三四岁的小孩无助地哭泣着	小孩哭泣的声音	—
2	警察出现了，他牵着小孩的手问他家在哪里	警察的声音："别哭，告诉叔叔你的家在哪里？"	我的家在哪里？
3	小孩的脑海里出现了一幅又一幅家的画面，警察带着小孩慢慢地走着（展示富力现代广场的相关画面）	小孩的声音："我的家有好多花，有大大的水池，还有喷泉，还有……"	—
4	警察和小孩走到富力现代广场，一对中年夫妇出现（焦急地寻找）	小孩的声音："那是我的爸爸妈妈。"	这里是我的家（显示logo）

通过对该电视广告脚本的分析，我们知道每个镜头都对应着多个要素，包括画面、音效和字幕，三者相互配合，将故事通过镜头展现出来。如果将镜头对应的画面或者音效的顺序打乱，那么广告所传达的信息会出现歧义。因此，电视广告文案必须注重画面与语言的对应性，即"视"与"听"的统一。

3. 讲究文案的形式和比例

电视广告中，文案的形式有很多种，可以是画外音，也可以是人物语言，还可以是字幕。同时，文案所占的比例、出现的时间也会直接影响受众对电视广告内容的理解。过早或过晚出现，过多或过少的文案都会令电视广告的宣传效果大打折扣。如上述的案例二所示，音效和字幕出现的时间要恰好，不能早也不能晚，所占比例也要适当，不能多也不能少，并要与每个镜头相配合。

4. 强调声音的作用

一则电视广告能否获得良好的口碑，在广告的前五秒就能显现出来。所以，电视广告要在开头通过声音吸引受众的注意，即所谓的"先声夺人"，用最短的时间抓住受众的心。

案例三：南方黑芝麻糊电视广告

场景：麻石小巷，黄昏，挑担的母女走进幽深的陋巷，布油灯悬在担子上，晃晃悠悠。

音效：伴着木屐声、叫卖声和民谣，一个小男孩走出深宅，吸着飘出的香气。

画外音："小时候，一听见芝麻糊的叫卖声，我就再也坐不住了。"小男孩搓着小手，神情迫不及待，看着大锅里浓稠的芝麻糊翻腾。大铜勺被提得很高，往碗里倒芝麻糊。

小男孩埋头猛吃，研磨芝麻的小女孩好奇地看着他。

小男孩将碗舔得干干净净，小女孩捂着嘴笑。

卖芝麻糊的女人爱怜地给他添了一勺，轻轻地抹去他脸上残留的芝麻糊。

小男孩抬头，露出羞涩、感激的神情。

画外音："一缕浓香，一缕温暖。"

古朴的街景，旧日的衣着，橘红色的马灯，一阵阵的叫卖声，共同构成了生动的画面。

这个电视广告脚本第一个镜头展现了旧日的场景；听着木屐声、叫卖声和民谣，我们脑海里立刻浮现出小时候那些难忘的记忆。广告中的声音深深感染着每一个人，当人们在超市看到南方黑芝麻糊时，就会回忆起这则有温度的广告。

5. 强调意境的营造

电视广告的目的是让受众记住广告，但不是记住内容，而是记住观看广告时的心情和广告所传达的意境。一则电视广告若能在十几秒的时间内迅速营造出某种意境，那么该广告对信息的传达就是有效的。

案例四：苏伯鲁轿车之"你总是伤害它"电视广告

伴随着主题曲《你总是伤害你所爱的》，这则六十秒的电视广告淋漓尽致地展现了一系列人们滥用苏伯鲁轿车的情景：车顶上堆满了野营装备，男人使劲压车后盖试图把过多的物品塞进去，妻子和丈夫在一片吵骂声中"嘭嘭"地狠命甩车门。

结尾出现画外音："人们不珍惜他们的车，不好好使用和保护车。不过，自 1974 年以来，登记注册的苏伯鲁轿车 90% 仍在街上跑着。"

这则电视广告用逆向思维的方式展开故事，最后表明该广告的主题。独特的思维方式让这则广告更具魅力，通过画外音揭示商品的现状和价值，更加能够引起受众的共鸣。

6. 注重情感的表达

情感的表达是电视广告能否打动人的核心，以情感人、以情动人，才能让受众产生心灵上的共鸣。

案例五：这是中国一个很走心的广告

故事一

镜头一：爸爸 A 用刀将案板上的鱼处理好之后剁碎（此时背景音乐开始，并一直持续）。

镜头二：女儿遮住眼睛不敢看（此时画外音：爸爸一点儿都不可爱）。

镜头三：女儿在电视机前跳着舞，爸爸也陪着女儿一起跳舞（此时画外音：爸爸又很可爱）。

故事二

镜头一：爸爸 B 借着手机微弱的光在一堆物品中寻找自己的袜子（此时画外音：爸爸很粗心）。

镜头二：书桌前，爸爸陪着儿子一起做作业，爸爸认认真真地帮儿子包书皮、写书名（此时画外音：其实，爸爸也很细心）。

故事三

镜头一：爸爸 C 站在镜子前整理自己的着装（此时画外音：爸爸很土）。

镜头二：家门被推开，女儿带着自己的男朋友走了进来，此时爸爸已经打扮得体，迎接着他们（此时画外音：其实，爸爸也很有型）。

故事四

镜头一：爸爸 D 用剪刀剪开牙膏，用剩余的一点儿牙膏刷牙；爸爸舍不得买矿泉水，出门前用瓶子装水，儿子露出嫌弃的表情（此时画外音：爸爸什么都舍不得）。

镜头二：爸爸送儿子出远门，临行前给儿子买了一大堆东西。

镜头三：儿子坐上出租车，拿出爸爸偷偷藏在包里的信封，里面有一沓钱，儿子回望远处苍老的父亲，满眼心疼（此时画外音：但是，爸爸又什么都舍得）。

故事五

镜头一：爸爸 E 从外面回来，手里提着食材，不时用手敲打着后背。

镜头二：爸爸正在为晚餐做准备，却不小心睡着了，手里的青菜都没来得及放下（此时画外音：爸爸老了）。

镜头三：女儿回来，爸爸抢着帮女儿拿行李，让女儿赶快吃饭（此时画外音：其实，爸爸一点儿也没老）。

连续镜头：五位爸爸化身为超人形象（画外音：爸爸是那个超越极限去爱你的人，爸爸是你的超人）。

感人肺腑的广告都有一些共性，都是用最朴实的语言、文字和画面去表达发生在人们身边的事。这则广告的内容是不同家庭、不同年龄段的父亲和孩子发生的故事，但是表达的情感却让很多人热泪盈眶，这样走心的电视广告的确难能可贵。

7. 注重字幕的作用

在电视广告中，"听"可以通过字幕实现，字幕的作用主要有以下几点：

① 对商品的品牌名称、功能、效果等信息进行强化；

② 向受众传达生产厂家、单位名称、地址等信息；

③ 配合画面，起到画龙点睛的作用；

④ 配合画面，使构图更加合理。

电视广告字幕的应用如图 3-1～图 3-3 所示。

图 3-1 别克君威电视广告

图 3-2 雪佛兰科帕奇电视广告

图 3-3 上海大众帕萨特电视广告

三、学习任务小结

通过本次课的学习，同学们已经初步了解了电视广告文案的特点，通过对优秀电视广告文案的赏析，了解了电视广告文案的写作方法。课后，同学们要多收集优秀的电视广告文案，分析其特点，归纳出电视广告文案的写作方法。

四、课后作业

收集 5 个优秀的电视广告文案，并制作成 PPT 进行演讲展示。

学习任务 二

电视广告文案的表现形式

教学目标

（1）专业能力：了解和掌握电视广告文案的不同表现形式。

（2）社会能力：关注日常生活中电视广告文案的不同表现形式，收集优秀的电视广告文案。

（3）方法能力：资料收集、整理和归纳能力，设计构思能力及审美能力。

学习目标

（1）知识目标：掌握电视广告文案的表现形式。

（2）技能目标：能够创造性地进行电视广告文案的写作。

（3）素质目标：能够深入挖掘并清晰表达电视广告文案的写作方法和技巧。

教学建议

1. 教师活动

（1）教师讲解电视广告文案的表现形式，并将教学内容与实际案例相结合，提升学生对电视广告文案表现形式的理解。

（2）教师通过对优秀电视广告文案的展示与分析，让学生了解电视广告文案的写作方法与技巧。

2. 学生活动

（1）认真学习和领会电视广告文案的表现形式。

（2）收集和整理优秀电视广告文案，为今后的广告文案写作积累素材。

一、学习问题导入

表现形式是指通过一定载体表现出来的能被人感知的信息的集合方式。常用的文字表现形式包括记叙、描写、说明、抒情和议论五种。电视广告文案的写作过程中，除了要熟练运用文字外，还必须掌握一些常见的表现形式。

二、学习任务讲解

电视广告文案的表现形式有以下几种。

1. 故事式

故事式是电视广告文案常用的一种表现形式，尤其是在电视广告的创意表现方面，用故事的形式进行展开往往最能打动人心。

案例一：中国人民保险公司上海市分公司电视广告（金鱼篇）

镜头一：（特写）两条金鱼在浴缸里悠闲地游来游去。

镜头二：（中景）浴缸安稳地在架子上放着。

镜头三：（全景）突然，浴缸从架子上跌落，掉在地上摔得粉碎，水、金鱼和玻璃碎片四处飞溅。

镜头四：（特写）两条金鱼在地上来回扑腾，很快就奄奄一息。

镜头五：（中景）地上的水、金鱼和玻璃碎片逐渐聚拢，沿着掉下的轨迹恢复原状，两条金鱼像之前那样在浴缸里悠闲地游来游去。

画外音一："咦？"

镜头六：（字幕）"参加保险，化险为夷"。

画外音二："噢！"

镜头七：（全景）"中国人民保险公司上海市分公司"。

这则三十秒的电视广告脚本只有七个镜头，它对内容的传达主要通过场景的变化和事物的活动，是典型的故事式电视广告。这种表现形式对文案的简洁性要求很高，语言在其中起到画龙点睛的作用。

2. 歌曲式

歌曲式也是电视广告文案经常使用的一种表现形式，通过"唱"的形式表达广告创意，通过动感的旋律引起受众的共鸣。

案例二：娃哈哈矿泉水之"爱的就是你"电视广告（如图3-4所示）

在爱的幸福国度

你就是我唯一

我唯一爱的就是你

失去才会懂得珍惜

但我珍惜你

伤越痛就是爱越深

我不相信

你和我同时停止呼吸

每一次我们靠近

你让我忘了困惑

忘了所有烦心

我把你紧紧拥入怀里

捧你在我手心

谁叫我真的爱的就是你

在爱的纯净世界

你就是我唯一

永远永远不要怀疑

我把你当作我的空气

如此形影不离

我大声说我爱的就是你

在爱的幸福国度

你就是我唯一

我唯一爱的就是你

我真的爱的就是你

就是你

就是你

就是你

唯一爱的就是你

（画外音）娃哈哈矿泉水！

（字幕）爱的就是你，不用再怀疑！

图3-4 娃哈哈矿泉水电视广告

　　这则电视广告以歌曲为主要的表现形式，用受众熟悉的旋律来营造轻松欢乐的氛围，最后配合画外音"娃哈哈矿泉水"和字幕"爱的就是你，不用再怀疑"点明主题，短短几个字起到画龙点睛的作用。

3. 生活式

　　生活式与故事式有相同之处，都是用叙事的方式去表现事物的特点。生活式的电视广告文案更加强调普通人在现实生活中的经历，通过对广告主题理性的分析或从感性角度引发受众的情感共鸣，进而达到宣传的目的。

案例三：美国贝尔电话公司电视广告

　　傍晚，一对老夫妇正在吃饭，电话铃声响起，老妇人去另一个房间接电话。

老妇人回来后，老先生问："谁的电话？"

老妇人回答："女儿打来的。"

老先生又问："有什么事？"

老妇人回答："没事。"

老先生惊奇地问："没事打电话干什么？"

老妇人哽咽道："她说她爱我们。"

两人顿时相对无言，激动不已……

画外音："用电话传递你的爱吧！"

这则电视广告以一对老夫妇的对话展开，用问答的形式把受众带入广告的情境当中，最后配合画外音"用电话传递你的爱吧"点明主题，简短几个字起到画龙点睛的作用。

4. 幽默式

幽默式的电视广告文案以表现趣味性引起受众的兴趣，通过精心的设计将受众带入广告的情境中，进而达成宣传的效果。

案例四：摩托罗拉 T191 手机歌曲下载电视广告（吃醋篇）

背景音：手机铃声响起，好像是一首令人熟悉的流行歌曲……

女孩敏感地问："谁的？"

男孩一边接电话，一边不以为然地回答："王菲的！"

背景音：手机铃声再次响起，又是一首令人熟悉的流行歌曲……

女孩又问："谁的？"

男孩回答："张惠妹的！"

男孩激动地说："你知道 FM97.4 全球华语歌曲排行榜吗？在 10 月 1 日到 12 月 31 日，只要登录'www.motorola.com'，就能将最新上榜的十大金曲下载到我的摩托罗拉 T191 手机里，成为手机铃声！"

女孩生气地说："没问你这个，刚才都是谁的电话？"

男孩尴尬不已："这个……"

这则电视广告以一对情侣的对话展开，用问答的形式把受众带入广告的情境当中，最后通过人物情绪的变化创造了非常有趣的视觉效果和情感体验。

5. 诗歌式

诗歌式的电视广告文案根据商品或服务的某些固有特征，借用人们耳熟能详的诗歌进行广告的策划和细节的安排，朗朗上口的语言能够达到良好的宣传效果。

案例五：小霸王学习机广告语

你拍一，我拍一，小霸王出了学习机。

你拍二，我拍二，学习游戏在一块儿。

你拍三，我拍三，学习起来很简单。

你拍四，我拍四，包你三天会打字。

你拍五，我拍五，为了将来打基础。

你拍六，我拍六，小霸王出了486。

你拍七，我拍七，新一代的学习机。

你拍八，我拍八，电脑入门顶呱呱。

你拍九，我拍九，21世纪在招手。

这个广告语成功之处在于借用《拍手歌》写文案。《拍手歌》是80后和90后非常熟悉的儿歌，孩子们玩着"你拍一、我拍一"的游戏时，这则广告便随之传播开来。

6. 论证式

论证式的电视广告文案通过邀请权威人士或权威机构对商品进行论证、评估或推荐，增加受众的信任感，进而起到推动购买的作用。例如高露洁牙膏广告、沙宣洗发水广告等均采用了论证式的表现形式。需要注意的是，论证式电视广告文案内容必须真实，所选择的专家也必须严谨，同时不能违反《广告法》的相关规定。

7. 比较式

比较式的电视广告文案通过对比来体现商品的独特性，通过效果的比较达到提升销售量的目的。根据《广告法》的有关规定，电视广告只能针对本商品使用前后或本企业商品改良前后进行对比，不能为了提高销售量而抬高自己、贬低别人。对比的方法通常有以下几种：

① 品质的对比，例如"穗宝床垫"广告（碾压测试）；

② 使用效果的对比，例如"海飞丝洗发水"广告（使用前后效果对比）；

③ 革新的对比，例如"潘婷洗发水"广告（产品升级）；

④ 价格的对比，例如"汰渍洗衣粉"广告（加量不加价）。

三、学习任务小结

通过本次课的学习，同学们已经对电视广告文案的表现形式有了一定的了解。课后，同学们要通过各种渠道多观察、收集电视广告文案，并做好分类整理，找出具有代表性的文案进行深入分析，全面加深对电视广告文案表现形式的理解。

四、课后作业

按照电视广告文案不同的表现形式分别撰写一个文案。

学习任务 三

电视广告文案的写作要求

教学目标

（1）专业能力：掌握电视广告文案的写作要求，能按照电视广告脚本格式进行文案的写作。

（2）社会能力：关注日常生活中各类电视广告文案的写作方式，收集优秀的电视广告文案，能运用所学知识撰写电视广告脚本。

（3）方法能力：实际操作能力，资料收集能力，信息提炼及应用能力。

学习目标

（1）知识目标：掌握电视广告文案的写作要求和电视广告脚本格式。

（2）技能目标：能够归纳、总结电视广告文案的写作技巧，并根据电视广告脚本格式进行文案的写作。

（3）素质目标：能够明确、清晰地表达电视广告文案的文化和艺术内涵，提高审美能力和文化素养。

教学建议

1. 教师活动

（1）教师讲解电视广告文案的写作要求，指导学生进行电视广告脚本的撰写。

（2）教师通过对优秀电视广告文案的展示与分析，让学生学习如何归纳电视广告文案的写作技巧，并灵活地应用于后续的文案写作中。

2. 学生活动

（1）认真听教师讲解电视广告文案的写作要求，并在教师的指导下进行电视广告脚本的撰写。

（2）自主学习、自我管理、学以致用。

一、学习问题导入

在撰写电视广告文案时，首先要分析相关资料，明确广告定位，确定广告主题；然后进行构思，确定广告文案的表现形式和写作技巧。接下来我们一起来学习电视广告文案的写作要求和电视广告脚本格式。

二、学习任务讲解

1. 电视广告文案的写作要求

电视广告拍摄的特殊性，决定了电视广告文案（脚本）的写作既要遵循广告文案的写作原则，又必须符合电视广告脚本的要求。电视广告文案的写作要求主要包括以下几点。

（1）要对相关资料进行分析、研究，明确广告定位，确定广告主题。

（2）要按照分镜头的方式进行展开，具有叙事性。

（3）语言要直白、简洁，易于辨别。

（4）从时间角度出发，电视广告中每个镜头都要有时间限制，要以秒为单位计算成本。

（5）从视觉效果出发，电视广告是以视觉为主、声音为辅的媒体表现形式。因此，电视广告脚本的撰写要做到"声画合一"，画面必须与广告想要传达的信息一致。

（6）从情感角度出发，电视广告文案必须生动、形象，达到"以情感人""以情动人"的效果。

（7）为了让电视广告更加符合主题，广告词的表现形式可以有画外音、人物独白、人物对话、歌曲、字幕等多种，广告词可以弥补画面的不足，提示和深化主题，进一步强化广告效果。

2. 电视广告脚本格式

电视广告的拍摄离不开电视广告脚本，它是广告文案人员根据广告创意所书写的工作台本，是把画面用文字进行表达的一种文案，类似电影脚本；它将画面和语言（有声或无声）结合，是拍摄人员工作的依据。电视广告脚本一般包括镜号、景别、镜头运动、时间、画面、解说、音乐和备注等信息。

案例一：七度空间 30 秒电视广告脚本（表 3-2）

表 3-2 七度空间 30 秒电视广告脚本

镜号	景别	镜头运动	时间	画面	解说	音乐	备注
1	中景	定	2秒	女孩坐在长椅上，噘着嘴，皱着眉	—	音乐起，较伤感	—
2	全景	定	2秒	女孩旁边的一群男孩、女孩们在嬉戏打闹	男孩、女孩们的笑声	—	—
3	中景—近景	定—推	3秒	突然飞来一片卫生巾，悬浮停在女孩身边的空中，女孩惊奇地睁大眼睛，将一只手放在卫生巾下面	卫生巾"咻"的一声飞来	音乐突转轻快	—
4	特写	定	2秒	卫生巾表情可爱，说话	卫生巾台词：快上来呀！	—	—
5	全景	定—拉	2秒	卫生巾开始变大，变成像神毯一样，在空中微微摇摆	—	—	—
6	全景	跟	2秒	女孩站在卫生巾上飞	—	—	—
7	特写	定	1秒	女孩开心、陶醉的表情	—	—	—
8	远景	摇	2秒	女孩飞过许多美丽、好玩的地方	—	—	—
9	大全	定—速推	2秒	游乐园全景	—	—	—
10	全景—近景—中景	定—摇	2秒	女孩和男孩坐在过山车里，过山车迎面驶来	—	—	从过山车迎面驶来，到女孩和男孩的脸从镜头里经过，摄像机都是定的
11	特写—全景	定—拉	3秒	女孩和男孩一起坐旋转木马	笑声	音乐转舒缓浪漫	从女孩与男孩对视的特写开始拉远

镜号	景别	镜头运动	时间	画面	解说	音乐	备注
12	中景—远景	定—拉	3秒	中景：女孩幸福地坐在男孩的自行车后座上，脚自由地荡着，手里拿着蒲公英，一口气把蒲公英吹散。 远景：绿色的草地，初升的太阳，男孩骑车带着女孩	女孩吹蒲公英，"噗"的一声	—	女孩吹蒲公英后开始拉镜头
13	近景	定	2秒	以女孩和其他男孩、女孩们一起嬉戏打闹作为背景，女孩手里平放着一包七度空间少女系列卫生巾	女孩台词：我的舒服我来定，有了七度空间，管它几天呢	—	背景充满阳光，显得柔和、梦幻
14	全景	定	2秒	两包七度空间少女系列卫生巾在画面中间，一包为娟爽网面，一包为纯棉表层。上下两行字幕，右下角为恒安集团标志	台词：七度空间少女系列。 上行字幕：七度空间少女系列。 下行字幕：娟爽网面、纯棉表层	音乐落	上行字幕大于下行，上行为蓝色字，下行为白色字，背景为渐变粉色

3. 优秀电视广告文案赏析

（1）金融类。

案例二："将爱情进行到底"

夜晚，巴黎的街道上，一个小伙子站在一幢居民楼的楼下，一言不发地仰头望着楼上。书籍、闹钟、运动鞋、唱片、电吉他等物品相继被人从楼上抛下，满地狼藉。

看起来像是小伙子与恋人闹了矛盾，导致了这场"纷纷扬扬"的分手大战。这时，一位白发苍苍的老者来到楼下，好像想要阻止楼上的行为。我们正要感叹老者的好心肠时，楼上又抛下一个相框，里面镶着一对老夫妇的合影。

镜头摇向楼上，一个出完气的老太太双手叉腰站在阳台上。这时候，我们才明白原来是老夫妇在闹矛盾。看来扔东西出气并非年轻人的专利。

画外音："即使活到了70岁，还是什么事都有可能发生。"

（2）生活用品类。

案例三："全是洗衣粉惹的祸"

　　一对年轻的日本夫妇来到南美某国旅游。在机场，当日本男子经过安检门的时候，报警器响了起来。他马上意识到自己的衣袋里还装着几枚硬币。于是，他一脸歉意地掏出这几枚硬币，让海关人员过目。不料，海关人员顿时大惊失色。

　　原来，该男子手里除了那几枚硬币外，还有一些可疑的白色粉状物。海关人员一拥而上，不由分说地强行把他架走。其实，那些白色粉状物并不是毒品，而是洗涤衣服时没有完全溶解的洗衣粉。可怜的日本男子大呼冤枉，而他的妻子更是痛哭流涕、深感自责。

案例四："切勿酒后斗牛"

　　这是斗牛士与公牛之间的一场新式决斗，目的是验证一种新型洗衣粉的快速去污能力。一边，斗牛士手持一瓶红酒，对着绳子上挂着的一块白色方布，一下一下地甩着红酒。另一边，一头被关在卡车里的暴躁的公牛已经急红了眼，卡车被它撞得摇来晃去。

　　斗牛士示意打开卡车的后门。公牛朝着斗牛士的方向狂奔而来，身后尘土飞扬。斗牛士镇定自若、有条不紊，他先是向旁边桌子上的一盆清水里倒了一小勺洗衣粉，然后摘下那块沾满红酒的方布放入水中，回头看了一眼狂奔而来的公牛。

　　当公牛离他还有几步之遥的时候，斗牛士猛地从水中抽出方布并展开，英姿勃勃地冲着公牛摆出一个迎战的姿势。但此时，方布上的红酒污渍已经荡然无存。狂奔而来的公牛急停了下来，望着那块白布，无奈地垂下了头。

　　毋庸置疑，这种新型洗衣粉的快速去污能力得到了检验。但就在这时，桌子上的红酒瓶被不慎碰倒，红酒溅了斗牛士一身，他的衣裤被染红了一大片。

　　猛然间，近在咫尺的公牛高扬牛角，重新进入决斗状态……

（3）食品类。

案例五："冤家路窄"

一场足球赛结束了，获胜球队的两个球迷退场后依然难以抑制内心激动的心情，手舞足蹈地冲上了回家的公共汽车。他们跳着、闹着，但猛然间就吓得不敢出声了，因为他们发现车上还坐着十几个怒气冲冲的壮汉。

原来这些壮汉是败北球队的球迷。真是冤家路窄，看来一场冲突无法避免。在这紧要关头，后者却朝前者举杯表示祝贺。

原来双方手中都握着芬达汽水，和解是因为他们都支持芬达。

案例六："手指手术的故事"

令人期待的时刻终于来了。安静的病房里，护士正小心翼翼地为中年男子一层一层地揭开缠在他食指上的厚厚的纱布。男子惴惴不安，身边的妻子紧握着他的另一只手，主治医生则站在男子的对面，神情也并不轻松。

终于，通过手术被加长了的食指活生生地立在众人的眼前。手术成功啦！夫妻俩欣喜万分。回到家里，他们迫不及待地打开冰箱，从里面取出了番茄酱瓶子。男子把刚刚动过手术的长长的食指伸进瓶子，顺利地将瓶底仅剩的一层番茄酱"捞"了出来，兴奋而又自豪地凝望着妻子，而妻子则眼巴巴地盯着丈夫食指尖上的番茄酱……

案例七：麦当劳电视广告

一个招人喜爱的婴儿躺在摇篮里一会儿哭、一会儿笑。摇篮荡上去的时候婴儿就笑，荡下来的时候婴儿就哭。当我们都在疑惑为什么婴儿的表情会这样变化时，画面转换成婴儿的视角，原来，摇篮外面有麦当劳的标志牌"M"。

婴儿一会儿哭、一会儿笑，正是因为看到了麦当劳标志牌时就会开心地笑；而当摇篮荡下来，看不到麦当劳标志牌时就会伤心地哭。答案清晰地显现出来后，画面定格为麦当劳金色的标志牌，来表达整个广告的主题。

（4）工业产品类。

案例八："喜马拉雅山？别逗了！"

被冰雪覆盖的世界屋脊上，狂风夹着漫天飞舞的雪花。两名登山者沿着陡峭的山崖，异常艰难地向峰顶攀登。

作为专业登山者，他们都配备了最好的登山设备，但即便如此，由于山崖极其险峻，加之长途跋涉，他们的登顶之路真可谓是"难于上青天"。

不过最终，他们还是凭借过人的毅力和过硬的专业技能，双双登顶成功。正当他们舒展双臂，俯视群山，以征服者的豪情奋力狂吼的时候，耳边突然传来两声清晰的汽车鸣笛声。

天啊，竟然是一辆大卡车缓缓地开到了他们的面前——他们经过千辛万苦、冒死抵达的峰顶！卡车司机似乎并不见外，他摇下车窗，冲着两个惊呆了的登山者打招呼："嗨，伙计们，去昂古达尔的路还远吗？"

两名登山者告诉他这里是喜马拉雅山。闻听此言，卡车司机还以为他们是在跟自己开玩笑，不满地回了一句："喜马拉雅山？别逗了！"

广告语："乌拉尔卡车，无处不在。"

（5）公益类。

案例九："开发孩子的想象力"

小学教室里，女老师正在上绘画课。"今天，你们想到什么，就可以画什么。"老师计划用一种完全开放的形式，来培养孩子们的创作、想象能力。于是，各种造型奇特、色彩艳丽的昆虫和动物跃然纸上。

但老师发现，有一个小男孩的举动有些异常：他用黑色的画笔，把白色的画纸全部涂黑，一张接着一张，非常专注。其他同学都放学了，空荡荡的教室里，小男孩依然埋头画着，沙沙作响的画笔声让老师们面面相觑。夜幕降临，家里的台灯下，小男孩"沙沙"的作画声依然一刻没有停息。年轻的父母以为孩子得了什么病，忧心忡忡。

医生问小男孩在画什么，小男孩无暇应答，只顾一张接着一张地将画纸"沙沙"涂黑……终于，小男孩被送进了医院。白发苍苍的老专家被请了出来，他坐着轮椅，和一大群医生一起给孩子会诊，但依然百思不得其解。病房里，小男孩创作完成的黑色画纸已经铺了满满一地，但他依然没有停笔的迹象……

细心的女老师在小男孩的课桌里发现了一盒拼图，顿时恍然大悟：莫非小男孩创作的是一个拼图作品？于是，老师、家长、医生和护士一起动手，在体育馆的地板上将一张张黑色画纸拼起来。随后，一个活泼可爱的黑色的形象展现在人们的眼前。

谁也没有想到，小男孩创作的是一只硕大无比的鲸鱼，他一刻不停地画着无数张黑色画纸，正是为了拼出自己想象中的大鲸鱼。

鲸鱼硕大的身体上，出现广告语："如何鼓励一个孩子？你必须发挥自己的想象力。"

案例十："这是你们在非洲旅行时遗忘的东西"

非洲肯尼亚广袤的原野，烈日当头，微风轻拂。一位非洲小伙子，一手提着锋利的长矛，一手紧抱着一个小包袱，神情焦急，一路小跑，一路寻觅……

他循着路标，来到了首都内罗毕机场，毅然决然地搭上了飞出非洲的航班。飞机上，他用双手把小包袱紧紧抱在怀里，唯恐有任何闪失。他只有一个想法：无论如何，也要把自己捡到的东西归还给它的主人。

飞机降落在繁华的欧洲都市。在这个完全陌生的都市里，非洲小伙子处处感到不适，而他的出现也引来了都市人的好奇。但小伙子依然一手长矛、一手包袱，在茫茫人海中苦苦寻觅。

功夫不负有心人，他竟然幸运地找到了失主的家。一对年轻夫妇满脸疑惑，不知发生了什么事情。非洲小伙子却如释重负，小心翼翼地从小包袱里拿出一样东西，笑呵呵地说："这是你们在非洲旅行时遗忘的东西。"

原来，那是被这对年轻夫妇随手丢弃在非洲大陆的一个矿泉水塑料瓶。

这则广告告诫人们要懂得尊重大自然，不要乱扔杂物、污染环境。

案例十一："暗中相助"

深夜，一幢普通的居民楼的楼梯上，一位新住进来的小伙子一边哼着小曲，一边飞快地下楼。突然，楼道的灯灭了，楼道里顿时一片漆黑。小伙子不小心撞到了什么东西，摔了一跤。

就在这时，他听到楼道里有开门的声音，就问道："是谁？请问你有打火机或者手电筒吗？"对方回答说没有，问小伙子是不是要下楼。

小伙子回答说是的。对方很友好地说："跟我走吧，小心点儿。"黑暗中，小伙子跟着对方，一步一步走到了楼下。打开大门，外面的灯光照了进来。小伙子一边掸着身上的泥土，一边向对方致谢："谢谢你，真是一分钟看不见都不行呀！"

直到这时，小伙子才发现，对方竟然是个盲人，这让他呆呆地愣住了……

三、学习任务小结

通过本次课的学习，同学们已经初步了解了电视广告文案的写作要求以及电视广告脚本格式。通过对优秀电视广告文案的赏析，提升了对电视广告文案写作的深层理解。课后，同学们要多看、多想、多尝试，不断归纳和总结电视广告文案的写作技巧。

四、课后作业

（1）收集 10 个优秀的电视广告文案，并对其进行分析。

（2）为飞亚达表撰写一个 30 秒的电视广告脚本。

项目四
文案在广播广告中的应用

广播广告文案的含义、特点及结构

教学目标

（1）专业能力：掌握广播广告文案的含义、特点和结构，能创造性地运用广播广告文案的构成要素。

（2）社会能力：关注日常生活中的广播广告文案，收集优秀的广播广告文案，能够运用所学知识分析各类广播广告文案。

（3）方法能力：信息和资料收集能力，分析广播广告文案的能力。

学习目标

（1）知识目标：掌握广播广告文案的含义、特点和结构。

（2）技能目标：能创造性地运用语言、音乐、音响三个要素进行广播广告文案的写作。

（3）素质目标：能够大胆、清晰地表达自己对各类广播广告文案的看法，具备团队协作能力和一定的语言表达能力。

教学建议

1. 教师活动

（1）教师讲解广播广告文案的含义、特点和结构，并指导学生进行广播广告文案的写作。

（2）教师通过对优秀广播广告文案的展示与分析，提高学生的广播广告文案写作能力。

2. 学生活动

（1）观看和收集各类广播广告文案，并进行提炼、总结、分析。

（2）认真听教师讲解广播广告文案的含义、特点和结构，并在教师的指导下进行广播广告文案的写作。

一、学习问题导入

广播是通过无线电波向大众传播信息、提供服务和娱乐的大众传播媒体。在电视和新媒体未普及之前，广播是备受欢迎的媒体形式。在新媒体时代，有人担忧地说："广播广告注定要消失。"然而，从发展趋势来看，广播广告的影响力仍然很大，它有其他媒体广告无可比拟之处。

二、学习任务讲解

1. 广播广告文案的含义

广播广告是以广播工具为传播媒介，以语言、音乐和音响作为诉求符号，诉诸受众听觉系统的广告形式。广播广告由语言、音乐、音响三个要素构成。广播广告的脚本就是广播广告文案，它是制作广播广告的依据，包括人物、情景、对话、音乐、音响等。

广播广告中的语言是广播广告的核心，商品或企业的信息要借助语言传达给受众。一则广播广告可以没有音乐和音响，但绝对不能没有语言。

广播广告中的音乐用于创造优美的收听环境，渲染广告的气氛。没有音乐，广播广告会显得单调乏味。如果是情感诉求型广播广告，一首令人难忘的乐曲，更能增加广告的感染力。音乐不仅仅能烘托广播广告，也是信息表达方式。广播广告音乐可以将广告主题和内容用歌词表达出来，以引起受众的注意与联想，是广播广告最有效的诉求符号。

广播广告中的音响是除了语言和音乐以外的所有声响，是塑造广告形象、体现广告主题的辅助手段。音响可以传递广告信息，增强广告的表现力和感染力，也可以创造声音环境，甚至可以叙述一件事或表达特定的思想感情。音响的叙事性具有诱导性，如在广告中听到汽车发动机的声音就知道汽车要开了。音响通过受众的联想来增强表现力，弥补画面的欠缺。对于商品和企业，还可以用特定的音响作为标志。广播广告的音响要真实、准确、有特色，还要与语言、音乐巧妙配合。

音响包括自然音响（如海浪的声音）、环境音响（如大街上的汽车喇叭声）和人物音响（如掌声、笑声、喧闹声），其作用是创造现场感，把受众带入特定的情境中。

案例一："旧城改造延续城市记忆"广播广告

[《平湖秋月》音乐起]

小孩：爷爷，你们小时候城市是什么样子的？

爷爷：哦，当然是江水清澈、鸟语花香，大街小巷风情浓郁……

小孩：那为什么现在……（建筑物被爆破的声音）

小孩：我不喜欢整天拆房子！（沉重的打桩声）

爷爷：是旧城改造。（建筑工地的声音）

爷爷：政府说了，修旧如旧，建新如故。（小鸟声，清新的音乐）

爷爷：走，带你去公园玩。

旁白：延续城市记忆，营造文化氛围。广州，我爱你！

这则广播广告以广州旧城改造为背景，通过广东音乐名曲的烘托，把旧城改造的场景呈现出来，既宣扬了广东音乐文化，又凸显了旧城改造给广州市民带来的美好生活环境。

2. 广播广告文案的特点

广播广告必须让受众听得清楚、明白。因此，广播广告文案应具备以下特点。

（1）通俗易懂。

通俗易懂就是要让大众听得懂，这就要求广播广告文案的语言足够生活化、口语化，要注意以下几个方面：一是将单音节字改为双音节词，以便读起来顺口；二是将书面语改为口语；三是不用同音不同义的词，避免引起误解；四是使用短句子；五是名称用全称而不用简称，少用缩略语；六是内容浅显易懂。

广播广告类似人与人之间的口头传播，但它并不是面对面的口头传播。所以，要尽量不用书面语、缩略语和倒装句。广播广告中的口语有时会起到意想不到的效果。如"牙刷刷"是全国爱牙日广播广告文案中的口语，十分通俗、有趣，使广告达到了理想的效果。

案例二：全国爱牙日广播广告

（音乐起）

男：你来刷呀，我来刷；早又刷，晚又刷。

女：那不是大家都"牙刷刷"（粤语里指伶牙俐齿）。

男：错，是刷刷牙。

女：9月20日，全国爱牙日，善待自己，善待牙齿。

这则广告里的"牙刷刷"在粤语中是伶牙俐齿的意思。这种口语化的语言为广告文案增添了趣味性，通俗易懂又便于记忆。

通常，受众在收听广播广告时注意力并不集中，因此广播广告应简明扼要、突出重点，切忌面面俱到。为便于广播，还应当根据商品的特点安排语言的韵脚、平仄，以求发音响亮，具有明快的节奏感，读起来朗朗上口。

（2）简洁生动。

广播广告时间比较短，无法容纳很多信息。因此，广播广告文案一定要尽量简洁，多用短句子。生动的文案可以增强吸引力，使广告更加形象，更具节奏和韵律。

案例三：云南滇红茶广播广告

孙子：爷爷怎么老喝茶？（读茶叶罐上的文字）云南真红茶。

爷爷：真字加三点水应读滇（diān）。

孙子：云南滇红茶。

这则广告巧妙地安排了一个天真好学的孩童读错字，经他的爷爷纠正的过程，着重强调了茶叶的品牌名称。用爷孙俩的对话来做广告，简洁生动，富有情趣，还显得合情合理，给人留下深刻的印象。

（3）营造情景。

声音只能依靠听觉来感知，也只能依靠听觉来调动受众的想象力。所以，营造特定情景，突出整体氛围，是十分重要的。广播广告文案营造特定情景，可以从以下三个方面着手：

①适当运用修辞手法，使语言生动、活泼；

②注意感叹词的运用和不同语气的处理；

③使语言、音乐、音响形成通感。

案例四：雪碧饮料广播广告

广告语：雪碧，晶晶亮，透心凉。

（蝉鸣声）

男孩：渴，渴……

（音响）

女孩：晶晶亮，透心凉……

（喝雪碧的声音）

男孩：哇！

男孩：哦！雪碧，当今生活，无论宴会、旅游、运动……到处有你清凉的奉献。

（孩子的笑声，青年的欢呼声，摩托艇声，海浪声）

这则广告通过营造轻快的氛围，使受众脑海里出现夏天的画面。一句"晶晶亮，透心凉"，突出饮料的特点，也易于传播。配上音响、孩子的笑声、青年的欢呼声、摩托艇声、海浪声，给人带来清新、冰凉、舒适的感觉，使人心情舒畅。

（4）开头精彩。

广播广告时间比较短，如果一开始就能吸引受众，广播广告就成功了一半。因此优秀的广播广告要在开头下足功夫。

案例五：猎犬牌防盗报警器广播广告的开头

一个寂静的深夜。

（音乐起）

一个窃贼的身影。

（突然响起警铃声）

……

这则广告曾获全国优秀广播广告作品一等奖。它一开始就设下一个"悬念"，吸引受众的注意力，其中的音乐和音响效果使受众不由自主地听下去。

（5）多用设问和反复。

广播广告文案要有意识地反复强调商品和品牌的名称，使受众加深印象。如一个刚刚进入市场的商品的广告，主要的诉求是新品的宣传及品牌形象的建立，其广播广告文案就要有意识地反复强调商品的名称或利益点，以便给受众留下深刻的印象。

案例六：北京飞利浦音响广播广告

［音乐起（荷兰风格的乐曲），压混］

男童：爷爷，你怎么了？

老人：（从沉思中惊醒，感慨地说）哦，这是爷爷当年在荷兰留学的时候最喜欢听的曲子，那时候，我用的是荷兰飞利浦音响，它伴随我度过了多少思乡之夜啊！

女儿：爸爸，您说的荷兰飞利浦音响已经在北京"安家落户"了，咱们现在用的就是北京飞利浦音响。

（音乐起）

旁白：北京飞利浦，唤起您温馨的回忆。

案例七：醒车族汽车美容装潢中心广播广告

刘：小王，你买新车啦？

王：对啊，你的车是在哪里装潢的啊？我想把我的新车装潢一下，但是不知道去哪里好。

刘：醒车族呗！

王：醒车族？

刘：对啊，昆山醒车族汽车美容装潢中心，它是深圳醒车族汽车美容装潢中心的连锁机构，在昆山已经成立数年了，从设计装潢到之后的日常保养维护都有一条龙的优质服务，大可放心。

王：真的啊！快告诉我在哪里？我现在就去。

刘：有两家分店，昆山市昆太路686-×××号、朝阳路315号，电话：0512-×××××××，快去吧，我等着看你靓丽的新车呢。

这则广告对商家名称重复了多遍，其效果明显比一遍强。另外，诸如商家地址、联系方式等，也可以重复一至两遍，让受众记牢。

3. 广播广告文案的结构

（1）广播广告文案的格式。

严格来说，完整的广播广告文案由标题、正文、口号和随文四个部分组成。广告口号往往在广告的最后播出，所以口号很容易分辨出来。随文主要是联系方式等内容，因此也能分辨出来。但受众可能听不出哪部分是标题、哪部分是正文，播音员也不可能告诉受众哪部分是标题、哪部分是正文。有的广播广告甚至没有标题，而是直接播出正文。尽管如此，撰写广播广告文案时还是应该写全标题、正文、口号和随文。

① 标题。

与其他媒体广告文案的标题一样，广播广告文案标题也应该突出主要内容，如商品名称、企业名称、品牌名称、促销方式、广告主题等。虽然标题一般不播出，但是一个完整的广播广告文案，还是应该有标题。

② 正文。

正文是广播广告文案的主体，根据不同商品、主题和体裁有不同写法。广播广告文案正文的写作原理和其他媒体广告文案正文类似，只是在加入音乐、音响、语气、口吻、情绪等元素时要有说明，这一点是其他媒体广告文案所没有的。正文的形式有对话体、诗歌体、小品体、散文体、解说体、快板体等。

③ 口号。

因为广播广告使用的是诉诸听觉系统的声音，所以广播广告文案口号要富有鼓动性、感染力和激情，能感动受众。

④ 随文。

广播广告文案随文中的内容是受众与企业进行联系的渠道，因此一定要清晰、无误，避免产生歧义。

（2）广播广告文案的影响因素。

广播广告文案多数是短文案，主要受以下三个因素影响。

① 广播广告的规格。

广播广告主要有三种规格，即 30 秒、15 秒和 5 秒。在撰写广播广告文案时，应先了解广告的规格，使文案能在规定时间内播完。

② 播出时的语速和语气。

为了保证广播广告的效果，播音员的语速不能过快，要保持一定的节奏，这就影响到广告文案的篇幅。如果不考虑音乐和音响，按照每分钟 150 字的普通语速，30 秒的广播广告最多可以播出 75 个字，15 秒最多可以播出 40 个字，5 秒最多可以播出 15 个字。写作时可以根据这个标准控制文案的篇幅。

③ 音乐和音响。

音乐和音响既可以为语言提供背景，以避免单调乏味；又可以起到推进广告展开、突出主要信息的作用。因此，在控制广播广告文案的篇幅时，应考虑是否使用音乐、音响，以及其出现的时间和在整个广告中所占的时长。

三、学习任务小结

通过本次课的学习，同学们初步了解了广播广告文案的含义、特点和结构，掌握了广播广告文案的语言、音乐、音响三个要素的应用规律。通过学习优秀的广播广告文案，提升了对广播广告文案写作的认知。课后，同学们要多看、多学习优秀的广播广告文案，并总结其写作方法和技巧。

四、课后作业

收集 3 个优秀的广播广告文案，并制作成 PPT 进行分析。

学习任务 二　广播广告文案的表现形式

教学目标

（1）专业能力：了解广播广告文案的不同表现形式，能进行不同表现形式的广播广告文案的写作。

（2）社会能力：关注日常生活中广播广告文案的各种表现形式，收集不同表现形式的广播广告文案，并学会分析它们的优缺点。

（3）方法能力：信息和资料收集能力，阅读理解能力，音乐鉴赏能力。

学习目标

（1）知识目标：了解和掌握广播广告文案的不同表现形式。

（2）技能目标：能进行不同表现形式的广播广告文案的写作。

（3）素质目标：能够大胆尝试不同表现形式的广播广告文案的写作，具备团队协作能力和一定的语言表达能力。

教学建议

1. 教师活动

教师讲解并分析广播广告文案的表现形式和写作特点。

2. 学生活动

（1）认真听教师讲解广播广告文案的表现形式和写作特点。

（2）根据指定的商品信息，独立进行一种表现形式的广播广告文案的写作。

一、学习问题导入

广播广告文案的表现形式是由广告内容决定的，同时受广播媒体特点的制约。由于广告内容的丰富多彩、创意的千变万化、语言的博大精深，广播广告文案的表现形式也精彩纷呈、不拘一格。诸如直陈式、对话式、解说式、谜语式、歌曲式、诗歌式、小品式、日记式、戏剧式、广播剧式、快板式、故事式、相声式、独白式等表现形式，都适用于广播广告文案写作。

二、学习任务讲解

1. 直陈式

直陈式又称直接式或直截了当式，即首先将广告文案写好，再由播音员在录音间直接播出的广告形式。这是广播广告中常见的表现形式。其优点是简便、时效性强、成本低；缺点是形式简单、内容单调。但直陈式广播广告可以在文案写作上下功夫，充分发挥语言的感染力和播音员的播音技巧。这种形式的广告还可以现场直播，所以又称直播式或单人播送式广告。

案例一："爸爸的脚步"广播广告

爸爸的脚步，永不停止。

曾经，我们携手走过千万步。

逛过庙会，赶过集会。

走过沙滩，涉过溪水。

爸爸的脚步，陪我走过好长的路……

一面走，一面数。

左脚是童话，右脚是盘古。

前脚是龟兔，后脚是苏武。

爸爸的脚步，是我的故事书。

一面走，一面数。

左脚一三五，右脚二四六。

前脚是加减，后脚是乘除。

爸爸的脚步，是我的算术。

爸爸的脚步，是我的前途。

为了孩子，为了家。

爸爸的脚步，永不停止……

今天，让我们陪爸爸走一段路。

赠送《健康养生特辑》。即使不能亲身随侍，也请打个电话、写封信，表达对爸爸深深的感恩之情。

这则广告以极其生动、细腻的描述，刻画了爸爸在孩子心目中的崇高形象。文案读起来像一篇散文，语言真切感人，给受众留下十分鲜明、深刻的印象。

2. 对话式

为了发挥广播媒体的优势，广播广告常使用对话形式进行宣传。一般由两个或两个以上人物采用一问一答或一唱一和的方式，形成象征性的买卖关系、同伴关系、邻居关系、同事关系等，同时营造特定的情景。

案例二："自行车上的'绿色奥运'"广播广告

（闹钟的响声）

老公：老婆，起床了。

老婆：嗯，还早，再睡会儿吧。

老公：咱今儿不开车，骑车去上班。

老婆：为什么？

老公：今天空气好。（鸟鸣声，清新的音乐）

男声：与蓝天相伴，与健康同行，绿色奥运，竭力同心。

女声：今天，你没开车吧？（车铃声）

这是一个公益广播广告文案，通过夫妇的对话将"绿色奥运"的理念传达给受众，对话中的人物各自扮演着特定的角色，宣传健康生活、绿色出行从我做起的美好生活理念。

3. 解说式

解说式也称说明式，即以第三者的身份对商品的性能、特点进行客观介绍的广告形式。解说员站在中立的立场上，既不代表企业，也不代表消费者，给人以客观、可信的感觉。解说式广播广告可分为以下几种。

（1）单人播送形式：由一个播音员在特定的音乐、音响背景下，向受众传达广告信息。

案例三：舒尔麦克风广播广告

（雷电巨响）

声音的震撼力，并不在于音量的高低。

（流水声，鸟鸣声）

而在于它是否真实、自然，长久地感动了您。

（帕瓦罗蒂《我的太阳》前奏）

美国舒尔麦克风的名字，代表着纯粹自然的原音效果和异乎寻常的优质与耐用。这就是为什么世界优秀的表演艺术家及专业音响人士信赖舒尔产品长达 70 多年之久。

（帕瓦罗蒂原唱）

美国舒尔麦克风，崇尚科技，追求自然，在乎您的感受。

（爆炸声）

单人播送形式广告文案的优点在于解说员可以采用全知视角，即相当于客观叙述者的身份，对商品或企业进行介绍；缺点是沉闷、单调，易让受众产生厌倦情绪。所以在写作时，要尽可能利用音乐和音响来避免单调。

（2）现场解说形式：通过音响营造情景，在这个情景下进行解说。例如可以用体育比赛实况转播的形式，由解说员在介绍比赛时穿插广告内容。

案例四：沈阳红药广播广告

各位听众！各位听众！辽宁人民广播电台，听众朋友们！现在我们在沈阳市人民体育场，向您转播辽莹队同东宝队足球比赛的实况。现在比赛已进入关键时刻。好球！辽莹队 18 号断球，带球突破，过了一个队员，又过了一个队员，第三个队员上来阻截，东宝队 9 号队员倒地铲球。不好！18 号摔倒了，看样子摔得不轻啊。不要着急，我们有部优产品沈阳红药。

这则广告很巧妙地将体育比赛解说和商品广告结合在一起，既诙谐有趣，又产生很强的现场感。

（3）现场编排形式。

案例五：森永皇冠奶粉广播广告

今天上午 10 点 30 分，居住在台北市中山区新生路二段 54 号的一对夫妇——田国因、王美娟生下了一个白胖的小宝贝。森永公司特送森永皇冠奶粉一罐，表示祝贺。您想养育聪明伶俐的婴儿吗？请不要忘记森永皇冠奶粉。

这则广告利用产妇生产事件作为背景，在现场宣传商品。

（4）游记形式：营造游览胜地的情景，结合音乐、诗歌、散文，声情并茂，仿佛导游在现场解说。

案例六：辽宁人民广播电台播出的一则广播广告

（《本溪水洞赞歌》，压混）

滴水叮咚奏仙乐，云雾缭绕舞彩带。

若在人间寻仙境，请到本溪水洞来。

裴晓云这优美动听的歌声，把我们带进了人间仙境——我省著名的游览胜地本溪水洞。

我们在银河码头登上游船。

（歌曲隐没，汽船声）

（导游员解说）我们九曲银河的自然情况，分为五宫、三峡、九曲、二门等七十多景……现在游船进入银河宫……现在游船进入芙蓉峡……

在将近五十分钟里，我们饱览了九曲银河的七十多个景点。这里微风拂面、四季如春，泛舟其中，真有梦幻仙境之感。游船回码头，我才如梦初醒。啊！真是"钟乳奇峰景万千，轻舟碧水诗画间。此景只应仙界有，人间独此一洞天"。

收听这样一则广告，如同跟随一个导游在游览本溪水洞，有身临其境之感，让人心驰神往。

（5）现场节目形式。

案例七：日本寿司饭店 SANMRY 威士忌酒广播广告

各位晚安，《百人音乐会》这个节目由具有 60 年制造洋酒历史的寿司饭店向您提供，欢迎收听。

（肖邦作品，溪流声，鸟鸣声）

人生短暂，艺术长久，优秀的作品经得起悠久岁月的考验。同样，发挥杰出创造力而生产的优秀威士忌，也经得起岁月的检验。具有 60 年历史的世界名酒 SANMRY，是日本最适宜酿造洋酒的地方——山崎出品的。这个在木桶内的透明的东西日复一日地"沉睡"着，10 年、20 年、30 年，随着时间的流逝越来越香。

（清脆的开木桶的声音）

朋友们，酒桶已经打开了，满室都飘荡着 SANMRY 的芳香。看！一滴滴洋酒像琥珀一样发出光芒。陈年的好酒，像古典音乐一般。

（"咕咕"斟酒声，冰块落入杯中的"叮当"撞击声，田园风格的舒缓乐曲）

您现在最好的"伴侣"是一杯放有一块冰的世界名酒 SANMRY 和一首世界名曲，请让自己完全沉浸在美妙的境界里。

这则广告中，清脆的开木桶的声音，令人感觉好像播音员就在酒窖中，现场感很强。

4. 谜语式

谜语式广播广告文案先设置一个谜，再说出谜底。这种形式的广告类似于悬念广告，能引起受众的兴趣和注意。

案例八：孔雀牌手表广播广告

（音乐起）

女：世界上什么东西最长又最短，最快又最慢，最可分割又最广大，最不受重视又最可惋惜？它使一切渺小的东西归于消灭，它使一切伟大的东西生命不绝！

男：法国思想家伏尔泰的这个谜语曾经把多少学者难倒，亲爱的听众，您也动动脑子，猜猜这是何种珍宝？

女：噢，您不知道？那就请您佩戴上孔雀牌手表，它会帮您揭开这个谜底，这就是时间的奥妙。

男：也许，您也知道时间的重要，可您怎样掌握时间的分秒？国家一级名表孔雀牌手表，会帮您夺得准确无误的分秒！

这则广告一开始，由女声提出一系列的问题，引起受众注意，再由男声配合、烘托，最后揭开谜底，既引人入胜，又很好地介绍了孔雀牌手表的优质性能。

5. 歌曲式

歌曲式广播广告文案配上音乐，由演员演唱，在广播里播出，会取得很好的效果。另外，歌曲式也可以与对话式组合。

案例九：纯粮大曲白酒广播广告

（电影《红高粱》插曲《酒神曲》）

唱：九月九酿新酒，好酒出在咱的手，好酒！

男：好酒，纯粮大曲！

女：纯粮大曲，好酒！

男：纯粮大曲 1985 年在江西白酒评比中名列第一。

这则广告套用人们很熟悉的电影《红高粱》插曲，同时采用男女对话形式，演员情绪饱满，富有感染力。

6. 诗歌式

诗歌在中国是很古老的文学形式，其对仗工整、富有韵律、寄寓深邃，深受人们的喜爱。诗歌式广播广告文案很容易得到受众的认同，现在多用自由体诗歌形式进行广播广告文案的写作。

案例十：猫人内衣广播广告

绢丝与羊绒交织

温暖与温柔交融

此情最珍贵，只给最爱的人

温暖我的温柔，猫人丝羊绒珍品内衣

猫人国际诚意奉献

7. 小品式

小品是深受人们喜爱的艺术形式。与对话式类似，小品式广播广告文案也以人物对话为主；但与对话式不同的是，小品式更注重情景的真实性、情节的曲折性和语言的幽默感。情景的真实性通过具有现场感的音响和人物的角色化加以体现；情节的曲折性和语言的幽默感意在吸引受众的注意力，通过一定的故事情节和生动、幽默的语言来表现广告内容。

案例十一：利华汽车有限责任公司广播广告

夫：（高兴地唱）十五的月亮，照在家乡，照在边关，宁静的……

妻：哎呀，张华，你还唱呢，我都急死了！

夫：怎么啦？

妻：我开的那辆豪华小轿车被撞坏了。

夫：（吃惊地）什么？车被撞坏了，那人伤着没有哇？

妻：人没有受伤，就是我的车……

夫：哦，车撞坏了着急也没用。快送去修哇！

妻：我不知道哪儿能修进口车呀？

夫：哦，我听到湖北电视台的广告节目里播过，青山区有一家中外合资企业叫"利华汽车有限责任公司"，是专门修进口车的。

妻：你没看到，我那车呀，给撞得不像样了！

夫：哎呀，别担心，撞得再坏的车，利华公司也能修得像新的一样，缺什么进口的零部件啦，他们都能提供。

妻：嗨！你倒像个搞宣传的。

夫：这不，我把地址都记下了，你念念。

妻：哦，武汉市青山区工业三路32号。

夫：你去之前，先拨电话663332联系一下。

妻：假如从武昌开车去的话呢？

夫：向红钢城的方向开呀，到青山饭店向右拐，上冶金大道，顺路前进，上工业三路，再右拐走700米就到了。

妻：（笑）嘿，张华，你把这广告记得真清楚啊！

夫：嗨，（笑）谁让我夫人是个司机呢！

（以夫妻热烈的笑声结束）

这看似是一个对话式的广告，实则是小品式的广告。因为其中有人物，有情节，有场景，就像一个小型舞台剧。

8. 日记式

日记式广播广告文案即以日记形式创作的广告文案。

案例十二：台湾地区 PUMA（彪马）运动鞋广播广告

男声：

我是个庸庸碌碌的上班族，不过在平淡的生活中，我倒有一样法宝——PUMA；

星期一，我喜欢走仁爱林荫道来公司，借以平和我的"星期一忧郁症"；

星期二，故意挑公司后的小巷道，多绕些路，只为了听听附近住家"起床号"的声音；

星期三，我会从小学旁经过，看看年轻的生命活力，顺便感怀一下我自己消逝的天真童年；

星期四，我索性来一段慢跑。

（男声渐弱）

广告口号：快乐的走路族——彪马运动鞋。

这则广告中，主角星期一至星期四的日记，体现了彪马运动鞋带给消费者的快乐感受。

9. 戏剧式

戏剧式广播广告文案即以戏剧形式创作的广告文案。戏剧在中国有几百年的历史，是人们喜闻乐见的艺术形式。运用戏剧中的人物和故事情节来宣传商品，是一种很好的广告表现形式。

案例十三：成都彭县羊羔美酒广播广告

（京剧探马上场锣鼓声）

探马：报——启禀丞相，司马懿十五万大军离西城四十里安营扎寨。

诸葛亮：再探！哎呀，想我西城乃是一座空城，这便如何是好。噢——噢——噢——有了，想我诸葛一生从不弄险，唯有设下空城之计，方可骗过司马懿，来呀——

老军：丞相有何吩咐？

诸葛亮：命尔等速备琴棋，设于城楼之上。

老军：是！

诸葛亮：慢，再取羊羔美酒，摆设西城之外，准备犒赏司马大军。

老军：丞相，这种羊羔美酒上哪儿弄去呀？

诸葛亮：老夫听说成都彭县羊羔美酒厂已经酿制出这一传统美酒。前日，老夫已命人采购回来，后营搬取。

老军：是，后营搬取成都彭县羊羔美酒啊！

（一段京剧锣鼓声）

这是利用传统戏剧《空城计》来演绎的羊羔美酒广告，通过原剧中的内容引出商品信息，给人留下较深的印象。

10. 广播剧式

广播剧是利用广播的特点，以语言、音乐和音响为手段，由机械录制而成的戏剧形式。它不包含舞台剧的视觉效果，只有听觉效果，并以此充分调动受众的想象力，使受众获得特殊的艺术享受。此外，由于没有视觉效果，广播剧在展开情节时有更大的自由，可以使幻想、梦境、回忆等成为广播剧的理想题材。

广播剧只有听觉效果，故不宜表现人物众多的场面以及复杂的情节。因此，广播剧式广播广告文案要线索清晰、人物较少、内容精练。

案例十四：美国《时代》杂志广播广告

警察：对不起，先生，半夜三更你在这儿干什么？

夜游者：看见你太高兴了，警察先生。

警察：我问你在这儿干什么？

夜游者：我住得不远，那边，第四幢楼……

警察：先生，别废话了，请回答我，你在这儿干什么？

夜游者：哎，别提了，我本来已经上床睡觉了，可是突然想起来白天忘了买本《时代》杂志看。

警察：你穿的是什么？

夜游者：衣服？睡衣呀！哎哟？走的时候太慌张了，我老婆的睡衣，很可笑吧？

警察：上车吧，我送你回去。

夜游者：不行，没有《时代》杂志，我睡不着觉。我睡前都要躺在床上看看电影评论、现代生活掠影这些栏目……

警察：好了，好了！快点吧，先生！

夜游者：我试着看过其他杂志，但都不合胃口。您知道《时代》杂志发行量一直在上升吗？

警察：不知道，我知道罪案发生的情况。（汽车发动声）

夜游者：像我这样的《时代》杂志读者多得很，比如温斯顿·丘吉尔。你呢？快，快，不好了，快停车，你总不能看着我就这样穿着我老婆的睡衣去警察局吧？

警察：你到家了，下车吧！（停车声）

这是一个很简单的广播剧式广告，只有警察和夜游者两个角色，通过警察和夜游者的对话展开情节。夜游者是一个没有《时代》杂志就无法入睡的人，体现了《时代》杂志的诱人之处。

11. 快板式

快板是中国传统的民间艺术形式，其节奏感强、声情并茂、朗朗上口。快板式广播广告文案是一种很有特色的广告文案。

案例十五：沈阳市南溪日杂商品店经销的地漏广播广告

听众朋友，您听我给您唠唠，

我把这地漏向您做介绍。

这个地漏好啊地漏妙，

地漏的浑身都用这个塑料造。

它耐腐蚀、不生锈，

经久耐用寿命高。

住楼房的都需要，

把地漏安在厨房的下水道，

哦嘿，它的作用可真不小，

概括起来有两条。

这第一条是防止臭气往外冒，

厨房清洁卫生空气好；

第二条，能杜绝污水杂物堵塞下水道，

省得您哪，临时低头弯腰一个劲地用手往外掏。

安上地漏，厨房里地面整洁又干燥，

下水道畅通无味不堵不漏不跑也不冒，

保证您在厨房里呀，

一年四季煎炒烹炸一股子香味往外飘，

一楼的住户也能高枕无忧睡大觉。

地漏好，地漏妙，

它防臭防毒有特效。

全国首创独一家，

国家专利已得到。

您要问这地漏它在什么地方卖？

告诉您，沈阳市南溪日杂商品店它经销。

快板式广播广告节奏明快，读起来上口，听起来悦耳，因此是广播广告常采用的一种形式。快板式广播广告文案的写作要领有以下两点。

（1）合辙押韵，节奏感强。快板式可以采用偶韵（逢双句押韵，首句可入韵也可不入韵）、排韵（句句押韵）和随韵（几句换一韵）等。句子以七言句为主，也可用三言句和五言句。三言句、五言句最好能成对出现，才易朗读。有时也可根据需要加旁白。

（2）抓住商品的实质。快板式广播广告文案切忌信马由缰、不得要领，要善于抓住商品的实质加以发挥和演绎。

12. 故事式

故事式广播广告文案即通过讲述一个故事来传达广告信息的广告文案。

案例十六：杭州孔凤春珍珠霜广播广告

（人物：蒋加伦，中国海洋生物学家；彼得·沙拉文，医生；伯克，澳大利亚生物学家）

（狂风巨浪声，音乐声）

伯克：船要翻了，加伦，你看怎么办？

蒋加伦：快！扣紧救生圈，快跳海！

（狂风巨浪声，跳海声，游水声……）

（直升机声）解说：这是一个真实的故事。1983年2月3日，国家海洋局第二海洋研究所助理研究员蒋加伦，同澳大利亚生物学家伯克驾驶一只小船在南极爱丽丝海峡考察，不幸遇难落水。

（混播）

直升机飞行员的呼号：戴维斯站，发现伯克和蒋加伦先生！发现伯克和蒋加伦先生！请指示！请指示！

地面：马上救人！马上救人！

解说：他们冒着狂风在零下15摄氏度的水中搏斗了半个小时才爬上岸。他们在冰天雪地中等候了五个小时才被直升机搭救到戴维斯站医务室。

蒋加伦：（自语）怎么办？难道只有截去手指和脚趾这一条路可走吗？不！不！不能！我不能将我的手指、脚趾留在南极……哎，我出国前在杭州买了一瓶孔凤春珍珠霜，它的说明书上写着，能生肌润肤，促进皮肤的新陈代谢。

解说：蒋加伦每天坚持三次涂擦孔凤春珍珠霜。不久，他的手和脚有知觉了，皮肤也红润起来了，严重冻伤的手脚奇迹般地得到恢复。这真乐坏了这些在冰雪世界里孜孜追求事业的人们。

医生：奇迹！奇迹！（音乐声）没想到杭州孔凤春珍珠霜有这么大的作用！

蒋加伦：我也没想到孔凤春珍珠霜能使我的手脚起死回生。以后我们再来南极，要多带些杭州孔凤春珍珠霜！

这则广告借用一个故事宣传杭州孔凤春珍珠霜的功效，令人留下深刻的印象。

13. 相声式

相声是中国人喜闻乐见的艺术形式。相声式广播广告文案可以产生幽默风趣、生动活泼、引人入胜的效果。

案例十七：黑劲风牌电吹风广播广告

甲：问您一个问题，您喜欢"吹"吗？

乙：您才喜欢吹呢！

甲：您算说对了，我的名气就是"吹"出来的。我能横着吹、竖着吹、正着吹、反着吹，能把直的吹成弯的，能把丑的吹成美的，能把老头儿吹成小伙儿，能把老太太吹成大姑娘。

乙：嚯，都吹玄了！

甲：我从广东开吹，吹过了大江南北，吹遍了长城内外。我不但在国内吹，我还要吹出亚洲，吹向世界！

乙：呵！您这么吹，人们烦不烦哪？

甲：不但不烦，还特别地喜欢我，尤其是大姑娘、小媳妇，抓住我就不撒手。

乙：好嘛，还是大众情人儿。请问您尊姓大名？

甲：我呀，黑劲风牌电吹风！

乙：嘿，绝了！

（掌声）

相声式广播广告文案写作的关键在于如何抖"包袱"，并将"包袱"与商品联系起来。这个文案利用"吹"字的歧义性，有意诱导受众产生误会，制造悬念，大量的铺垫后再猛然抖"包袱"——黑劲风牌电吹风，让人接收商品的信息，其效果强于多次单调的重复。

14. 独白式

独白式广播广告文案即采用角色独白来介绍对商品的感受或情感的广告文案。该角色可以是广告商，也可以是消费者。

案例十八：好德便利超市广播广告

调皮的年轻女孩说：

我喜欢好德便利，

牛奶蛋糕（竖笛声，奶牛叫声），

油盐小炒（京胡声，炒菜声），

牙膏肥皂（钢琴声，刷牙声），

还有24小时的微笑（欢快的小提琴声），

好德便利，统统找到！

（音乐转成交响）

旁白（沉稳的男声）：好德便利，处处便利；好德便利，24小时便利超市。

好德便利是一家便利超市，这则广告通过年轻女孩的独白说出了好德便利超市的特点。

三、学习任务小结

通过本次课的学习，同学们初步了解了广播广告文案的表现形式及写作特点。课后，同学们要多看、多练习，学会进行不同表现形式的广播广告文案的写作。

四、课后作业

（1）收集5个不同表现形式的广播广告文案，并对其进行分析总结。

（2）为可口可乐撰写3个不同形式的广播广告文案。

学习任务 三

广播广告文案的写作技巧

教学目标

（1）专业能力：掌握广播广告文案的写作技巧。

（2）社会能力：能精准捕捉目标受众的消费心理，进行广播广告文案的写作。

（3）方法能力：信息和资料收集能力，沟通、学习和写作能力。

学习目标

（1）知识目标：掌握广播广告文案的写作技巧。

（2）技能目标：能运用广播广告文案的写作技巧进行广播广告文案的写作。

（3）素质目标：提升广播广告文案写作能力，具备团队协作能力和一定的语言表达能力。

教学建议

1. 教师活动

教师讲解广播广告文案的写作技巧，并通过展示和分析优秀的广播广告文案，指导学生进行广播广告文案的写作。

2. 学生活动

（1）认真听教师讲解广播广告文案的写作技巧。

（2）能运用广播广告文案的写作技巧，在教师的指导下进行广播广告文案的写作。

一、学习问题导入

优秀的广播广告文案能让人印象深刻，进而打动受众，让商品在激烈的广告竞争中脱颖而出。本次课我们一起来学习广播广告文案的写作技巧。

二、学习任务讲解

广播广告文案的写作技巧包括以下几点。

1. 传播主体具体化

在广播广告文案中，传播主体往往被具体化为广告中的某一角色。这个角色可以是企业、商品、服务的知情者，使用商品的先驱者，消费内行，某一领域的权威等。

案例一：矛盾牌洗衣粉广播广告

旁白：听众朋友，我叫圆方，今天的广告节目仍然由我来主持。这次呢，我请大家听一小段小品，然后根据小品的含义，猜一地名和厂家的产品。

（音乐起）

卖者：各位父老乡亲，咱有钱的捧个钱场，没钱的捧个人场。

众人：……

卖者：我这盾坚固无比、世上无双，任何锋利的东西都刺不破它。

众人：……

卖者：来来来，大家再看看我这矛，是世界上最锋利的，没有它刺不破的。

众人：……

老者：用你的矛刺你的盾，怎么样啊？

卖者：这……

众人：哈……

旁白：听众朋友，听了"自相矛盾"这个小品，想必你已猜出地名和厂家的产品了。

众人：开封！矛盾牌洗衣粉！

旁白：对，地名是全国著名的矛盾城开封。开是开放的开，封是封闭的封。厂家的产品是开封日用化工厂以"矛盾"为商标的名牌系列洗衣粉。

这则广告中的"圆方"既是节目主持人，又是播音员，还是矛盾牌洗衣粉的消费者。他对矛盾牌洗衣粉很熟悉，以三重身份介绍矛盾牌洗衣粉，拉近了与受众的距离，增强了可信度。

2. 语言具体化、形象化

广播广告文案要避免语言的抽象化、概念化，使语言具体化、形象化，化抽象的概念为具体的事物。如"漂亮"就是一个很抽象的概念，在文案中应使之具体化、形象化。

案例二：一则羽绒衣广播广告

冬天，银装素裹。大街小巷，游动着穿红、白、蓝、黄各色羽绒服的人群。那红的，像华贵的牡丹；蓝的，像散发着幽香的兰花；黄的，像傲霜的秋菊。她们装扮着梨花世界的人们，给银色的大地增添了绚丽的色彩。

这则广告通过具体、形象的语言，让受众对"漂亮"有了更具体、形象的理解，好像那满街的"漂亮"景象就展现在自己面前。

3. 用角色引入

广播广告文案不但可以将传播主体具体化为某一角色，还可以将受众具体化为某一角色，借此表达受众的需求、疑问。如一个广播广告文案的开头："谁呀？""芳芳，是我！""呀！是兰兰。"这段对话引出了两个人物，接着，主人"芳芳"就充当起传播主体的角色，向客人"兰兰"介绍她刚买的煤气灶。

4. 用多种听觉艺术形式渲染主题

广播广告文案为了增强趣味性和对受众的吸引力，往往借用多种听觉艺术形式进行表达，如广播剧、相声、快板、评书等。所以，广告文案人员在日常生活中也应积累各种听觉艺术形式的知识，掌握多种文体的写作方法和技巧。

5. 内容精练

广播广告文案中，信息越多，给受众的印象可能会越模糊。因为广播广告是在短时间内一句接一句地播出的，受众无法重新听前面所播出的内容；而且，人的瞬间记忆是有限的，文案越长，受众能记住的信息就会越少。所以，广播广告文案要内容精练。

案例三：汉弥顿手表广播广告

汉弥顿手表是美丽的象征，汉弥顿手表带给您高雅的气质。

您要买世界上最薄的自动手表吗？

您要买防水最好的游泳表吗？

请选购汉弥顿！

这则广告主要表现汉弥顿手表美丽、高雅、超薄、防水的品质，广告文案集中在这四个方面进行宣传，结构很简单，内容也很精练。

6. 语言亲切感人

广播信息的交流往往是在电台与受众之间进行的，通常每一个节目都是为某一特定的受众群体播出的。广播广告文案应充分利用这一点，营造播音员与受众之间的谈话氛围。在这样的氛围中，播音员与受众之间距离越近，广播内容就会越贴近受众，广告信息也就会自然而然地得到传达。还可以利用音响和音乐，一方面烘托商品，通过特殊的音响来强化受众对商品的认识；另一方面营造一个温馨、和谐的环境，使受众听得舒心、愉悦，在轻松的氛围中接受广告信息。

案例四：天津海鸥牌女表广播广告

亲爱的听众朋友们，我们天津手表厂生产的海鸥牌女表，曾经在 1983 年和 1984 年的全国质量评比当中都获得第一，最近又获得天津市"跃进杯"最佳产品奖。在此，我代表天津手表厂全体职工，向购买、佩戴海鸥女表的同志们表示祝贺。

这则广告中，播音员首先用一句"亲爱的听众朋友们"拉近了自己与受众的距离，然后代表手表厂向购买、佩戴海鸥女表的同志们表示祝贺。整个广告亲切自然，犹如朋友之间拉家常。

广播广告文案要想起到说服受众的作用，就要善于同受众建立情感联系；而不能像板着冷冰冰的面孔，采用居高临下的口气教训人。亲切、诚挚的话语，最能激发受众的感情，引起受众的共鸣。

7. 强调商品或品牌名称

广告的目的之一就是宣传商品和品牌。然而，由于广播广告在一次播放过程中不能重复播出，有时候受众还没听懂或听清商品或品牌名称，广告就已经播完了。因此，广播广告文案要有意识地强调商品或品牌名称，加深受众的印象。

案例五：狮牌油漆广播广告

男：火炉方显真金色。

女：武汉是我国三大火炉之最，狮牌油漆经受考验。

男：风雪岂能动容颜？

女：武汉的冬天风雪严寒，狮牌油漆色泽不减。

男：是钢就不难分辨。

女：黄鹤楼是水泥钢材结构，狮牌油漆使它看上去和古代木质结构一样。

这个广播广告文案三次强调了狮牌油漆的名称和功能，让人容易记住。

三、学习任务小结

通过本次课的学习，同学们初步了解了广播广告文案的写作技巧。课后，同学们要多看、多听、多练习，关注和收集优秀的广播广告文案，提升自己的写作能力。优秀的广播广告文案要富有真情实感，这种真情实感往往来源于生活。只有细心地观察生活、体验生活，才能写出优秀的广播广告文案。

四、课后作业

根据下列信息，为某面霜撰写一个广播广告文案。

① 洁净力可深入毛孔；

② 皮肤科医生推荐；

③ 可防止皮肤衰老。

项目五

文案在网络广告中的应用

学习任务 一 网络广告文案的类型

教学目标

（1）专业能力：了解网络广告的基本知识，掌握网络广告文案的类型和作用。

（2）社会能力：能通过各种渠道收集网络广告文案，并形成资源库。

（3）方法能力：学以致用，加强实践，掌握网络广告文案的类型和适用范围。

学习目标

（1）知识目标：理解和掌握网络广告文案的类型和作用。

（2）技能目标：能够区分网络广告文案的类型，并能举一反三地说明每种类型网络广告文案的适用范围。

（3）素质目标：自主学习、举一反三，理论与实践相结合，开阔视野，扩大认知领域，提升专业兴趣，提高网络广告文案写作能力。

教学建议

1. 教师活动

（1）教师展示前期收集的各种类型网络广告文案的文字、图片和视频等资料，并运用多媒体课件、教学视频等多种教学手段，提高学生对网络广告文案的认识。

（2）深入浅出、通俗易懂地进行知识点讲授和应用案例分析。

（3）通过课堂师生问答，互动分析知识点；引导课堂小组讨论。

2. 学生活动

（1）认真听课、看课件、看视频；记录问题，积极思考问题，与教师良性互动，解决问题；总结、做笔记、写步骤、举一反三。

（2）仔细观察、学以致用，积极进行小组间的交流和讨论。

一、学习问题导入

网络广告是利用网络上的广告横幅、文本链接、多媒体等，在互联网刊登或发布广告，传递给互联网用户的一种广告运作方式。网络广告因其媒体优势而发展迅速，它凭借着互联网的全球性和信息发布的便捷性，超越目前主流的四大媒体（报纸、杂志、电视、广播），成为重要的广告形式；但网络广告容易被淹没在互联网的数据海洋里。网络广告是主要的网络营销方法之一，在网络营销方法体系中处于重要的地位，事实上很多网络营销方法都可以被理解为网络广告的具体表现形式。

二、学习任务讲解

1. 网络广告的类型

（1）网幅广告（包含 Banner、Button、通栏、竖边、巨幅等）。

网幅广告是以 GIF、JPEG、Flash 等格式建立的图像文件，它定位在网页中，大多用来表现广告内容。可通过 Java 等语言产生交互性，通过 Shockwave 等增强表现力。

（2）文本链接广告。

文本链接广告以一排文字作为一个广告，点击可以进入相应的广告页面。这是一种对受众干扰最小，却较为有效的网络广告类型。

（3）电子邮件广告。

电子邮件广告具有针对性强、成本低的特点，且广告内容受限制较小，可以针对具体的受众发送特定的广告。

（4）赞助式广告。

赞助式广告主要有以下两种。

① 与内容相结合的广告。

广告与内容相结合的广告形式是赞助式广告中常见的一类，从表面来看它们更像网页中的内容而并非广告。在传统的媒体上，这类广告都会有明显的标记，表明这是广告；而在网页中，这类广告通常没有标记。

② 插播式广告（弹出式广告）。

插播式广告是网页登录界面弹出的广告页面或广告窗口。它与电视广告类似，都会打断受众的行为。插播式广告尺寸多样，有全屏的也有小窗口的；互动的程度也不同，有静态的也有动态的。

（5）富媒体（Rich Media）广告。

富媒体广告一般指使用浏览器插件或 Java 语言、其他脚本语言等编写的具有复杂视觉效果和交互功能的网络广告。这类广告是否有效，一方面取决于网站的服务器端设置，另一方面取决于受众的浏览器是否能查看。富媒体广告的优点是能表现更多、更精彩的内容。

2. 网络广告文案的类型

（1）网幅广告文案。

网幅广告一般存在于 web1.0 时代流行的门户网站中，但这种门户网站已经随着 web2.0 和 web3.0 的到来而越来越少。这种广告的形状多为高度较小、宽度较大的长方形，更适合横向阅读；受阅读停留时间的限制，不宜放置过多的文字。其广告文案以通俗易懂的短句子为宜，如图 5-1 所示。

（2）文本链接广告文案。

文本链接广告与网幅广告同属 web1.0 时代，与网幅广告的不同之处在于，它属于纯文字信息，只有通过网站受众的点击，才能够呈现更多的内容。文本链接广告文案的字数可以较多，且由于没有图片，这种广告的文字内容往往更具吸引力，常用感叹句、反问句，或提供夸张信息，引起受众好奇，如图 5-2 所示。

（3）电子邮件广告文案。

电子邮件广告的载体是邮件，所以形式比较丰富，形状也相对自由；但缺点是，很少有受众会主动点开陌生邮件。因此，电子邮件广告更适用于老客户的维系。例如全球著名家具商宜家，就很鼓励受众订阅其邮件广告，并将广告做成类似电子杂志的形式，使受众更有意愿点击并观看。电子邮件广告文案依据不同的需求，有不同的形式，如图5-3 所示。

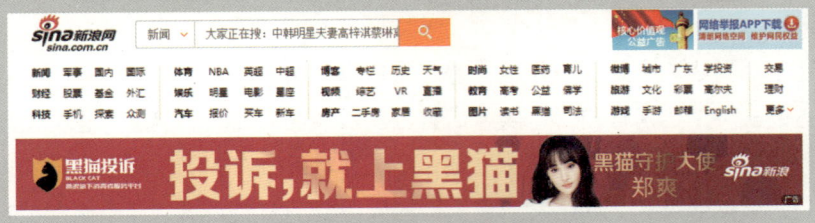

图 5-1 网幅广告

图 5-2 文本链接广告

图 5-3 电子邮件广告

（4）插播式广告（弹出式广告）文案。

插播式广告一般出现在视频、小程序或游戏中，这类广告通常是无法关闭的，一定程度上会引发受众的反感情绪。因此，插播式广告的文案一定要尽量配合其内容，做到丰富有趣，尽量消除受众的反感情绪，诱导其点击广告，如图 5-4 所示。

图 5-4 插播式广告（弹出式广告）

（5）富媒体（Rich Media）广告文案。

富媒体并不是一种具体的互联网媒体形式，而是指具有动画、声音和视频的交互性信息传播方法，包含流媒体、声音、Flash，以及 Java、JavaScript、DHTML 等。富媒体可应用于各种网络服务中，如网站、电子邮件、Banner、Button、插播式广告等。因为具有复杂视觉效果和交互功能，所以富媒体广告中的文案是与各种视觉效果相配合的。对于这种形式的广告，受众的行为不仅仅是观看，还包括根据提示做出点击、滑动等反应，因此文案的形式必须更加简洁，以帮助受众理解并做出反应。例如，朋友圈广告就是一种富媒体广告形式，受众可以像正常阅读朋友圈内容一样，打开图片观看，也可以通过点击链接进入品牌主页，如图 5-5 所示。

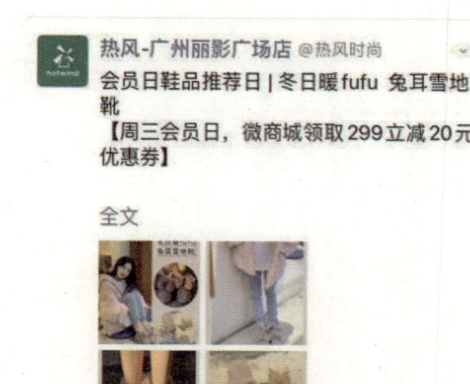

图 5-5 属于富媒体广告形式之一的
朋友圈广告

───── 小知识 1 ─────

什么是 web1.0，web2.0，web3.0？

web1.0：网络一人（单向信息，只读。如个人网站、大英百科全书）。

web2.0：人一人（以网络为渠道进行人与人的沟通。如维基、博客）。

web3.0：人一网络一人（人工智能、关联数据和语义网络构建，促进人与网络以及网络与人的沟通；同时在 SEO 支持下，提高人与人沟通的便利性）。

三个时期中网络的角色如下。

web1.0：网络是信息提供者，单向性地提供单一性的信息。

web2.0：网络是平台，用户通过网络提供及获取信息。

web3.0：网络是用户需求的理解者和提供者，对用户了如指掌，知道用户有什么、要什么以及用户的行为习惯，进行资源筛选、智能匹配，直接给用户提供特定的信息。

───── 小知识 2 ─────

什么是融媒体？

广告未来的发展不再只是用单一媒体推广单一品牌或者商品，而是采用多种媒体进行推广，形式上也有了更多变化。"融媒体"的理念逐渐成为主流。"融媒体"首先是个理念，这个理念以发展为前提，以扬长避短为手段，将传统媒体与新媒体的优势发挥到极致，使单一媒体的竞争力变为多种媒体共同的竞争力，从而为"我"所用、为"我"服务。"融媒体"不是一种独立的实体媒体，而是将电视、广播、网络的优势整合、利用，使其功能、手段、价值得以全面提升的一种运作模式，是一种实实在在的科学方法，是在实践中"看得见、摸得着"的具体行为。"融媒体"对外是一个单位、一个声音、一个价格，但它使电视、广播、网络共同为一个项目服务，所以"融媒体"广告的价格比任何单一媒体都要高，受众对其认可度也较高。

三、学习任务小结

通过本次课的学习，同学们已经初步了解了网络广告和网络广告文案的类型，以及网络广告在实际营销活动中的表现形式，对网络广告及其文案有了一定的认识。在广告文案中，网络广告文案的应用是非常广泛的。课后，同学们要通过学习和实践，进一步了解网络广告。

四、课后作业

（1）请思考：打开手机软件时出现的开屏广告，更接近于哪一种类型的网络广告？

（2）以组为单位收集优秀的网络广告文案，并整理与汇总，制作成 PPT 进行演讲展示。

学习任务 二　网络广告文案的特点

教学目标

（1）专业能力：了解网络广告文案的特点，以及对应的策略和风格。

（2）社会能力：能通过各种渠道收集网络广告文案，并形成资源库。

（3）方法能力：学以致用，加强实践，掌握网络广告文案的特点。

学习目标

（1）知识目标：理解和掌握网络广告文案的特点。

（2）技能目标：能够通过对网络广告文案特点的分析，找出对应的策略和风格。

（3）素质目标：自主学习、严谨细致、举一反三，理论与实践相结合。

教学建议

1. 教师活动

（1）教师展示前期收集的各种类型网络广告文案的文字、图片和视频等资料，并运用多媒体课件、教学视频等多种教学手段，提高学生对网络广告文案的认识。

（2）深入浅出、通俗易懂地进行知识点讲授和应用案例分析。

2. 学生活动

（1）认真听课、看课件、看视频；记录问题，积极思考问题，与教师良性互动，解决问题。

（2）学以致用，积极进行小组间的交流和讨论。

一、学习问题导入

web3.0 时代的网络广告形式多种多样，广告未来的发展不再限于单一媒体，而是可以由静止或动态的画面、文字、声音相互叠加，吸引受众的因素也随之增多。一个品牌或者商品，采用多种媒体共同推广的方式，效果更佳；但 web3.0 时代的广告普遍具有定向推送给一定范围的受众这一特点。所以此类广告文案的形式应当根据其受众的人群特征和其内容本身固有的特性来进行定制。作为网络广告文案人员，有必要对网络广告的特点进行全方位的了解。

二、学习任务讲解

网络广告文案的特点主要有两个，即定向传播和交互性。

1. 定向传播

（1）定向传播的基本概念。

定向传播是指向指定的群体传播特定的信息，以达成特定的结果的传播方式。简单来说就是："你想说什么？想告诉谁？想通过什么方式告诉他们？"定向传播具有一定的针对性，可以降低沟通成本，让沟通与交流更加便捷。

网络广告文案可以实现定向传播，一是因为网民会自发地形成群体，例如知识分子们可能会聚集在某个阅读网站，爱玩游戏的网民可能会聚集在游戏论坛，爱看电影和书的网民可能会聚集在豆瓣，爱购物的网民可能会喜欢看带货直播等；二是因为现有的 web 技术可以按照网民的行为特征来推断其行业、居住地区、兴趣和消费习惯，从而将特定的广告推送给目标受众。

（2）对应的策略和风格。

定向传播为广告策略的形成和文案的风格打下了两个基础，一是广告目标受众的一致性，二是广告表达方式的针对性。根据这两个基础，网络广告的文案要依据其目标受众进行调整。例如带货直播可以采用娱乐化且简单直白的语言表达，对于爱购物的群体来说，这种文案风格才具有煽动性，如图 5-6 所示。

图 5-6　带货主播擅长使用煽动性的文案

2. 交互性

（1）交互性的基本概念。

交互性是网络广告有别于传统广告的重要特点，这个特点使得网络广告具有双向交流的可能性。网民不仅仅是纯粹的、被动的受众；也可以是信息的发布者，有及时地反馈接收广告后的感想、行动的能力。网络广告文案要充分利用网络的交互性，实现广告和目标受众之间的双向沟通和交流。

（2）对应的策略和风格。

① 采用设问形式的标题，设置悬念，增加点击率。

采用设问形式的标题对受众进行一定程度的诱导，可以使广告的点击率上升 16%，设置悬念可以使广告的点击率上升 18%，如图 5-7 和图 5-8 所示。

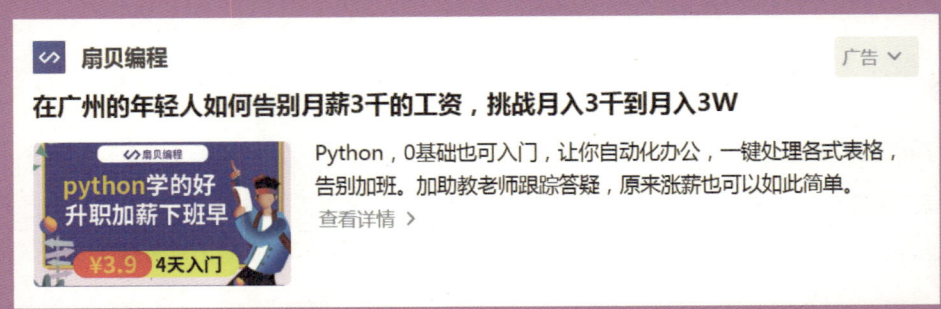

图 5-7 标题采用设问形式的网络广告

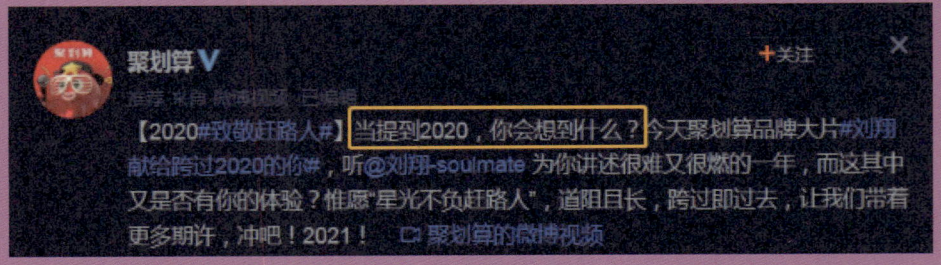

图 5-8 标题采用设问和设置悬念两种形式的网络广告

② 采用诱导性、号召性文案与受众互动。

诱导性的广告文案会使受众产生兴趣，并引发他们的互动行为。具有视觉表现力的画面和富有感染力的声音，可使受众产生兴趣，进而使广告的点击率上升。"点击"这一互动行为可以使受众与广告推送的商品或服务之间产生一种特殊的联系。另外，号召性的广告文案可以使广告产生鼓动效果，进而使广告的点击率上升15%。

③ 采用互动游戏。

有趣的互动游戏可以吸引受众关注，诱导受众点击广告。采用互动游戏的网络广告，其文案应简洁，互动游戏应规则简单、指令清晰。

三、学习任务小结

通过本次课的学习，同学们已经初步了解了网络广告文案的特点和在实际营销活动中的应用，对网络广告文案的特点以及对应的策略与风格有了全面的认识。课后，同学们要多上网观看定向传播和交互性网络广告，学习其文案写作方法和表达方式，深入了解其写作技巧。

四、课后作业

（1）请思考：知名运动鞋品牌投放在带货直播上的促销文案应该怎么写？

（2）以组为单位收集优秀的定向传播网络广告文案，并整理与汇总，制作成 PPT 进行演讲展示。

学习任务 三

网络广告文案的写作技巧

教学目标

（1）专业能力：掌握网络广告文案的写作方法和技巧。

（2）社会能力：能通过各种渠道收集网络广告文案，并形成资源库。

（3）方法能力：学以致用，加强文学素养，掌握网络广告文案的写作方法和技巧。

学习目标

（1）知识目标：理解和掌握网络广告文案的写作技巧。

（2）技能目标：领悟网络广告文案的写作方式，并能举一反三地进行应用。

（3）素质目标：自主学习、严谨细致、举一反三，理论与实践相结合。

教学建议

1. 教师活动

（1）教师展示前期收集的各种类型网络广告文案的文字、图片和视频等资料，并运用多媒体课件、教学视频等多种教学手段，提高学生对网络广告文案的认识。

（2）深入浅出、通俗易懂地进行知识点讲授和应用案例分析。

（3）通过课堂师生问答，互动分析知识点；引导课堂小组讨论。

2. 学生活动

（1）认真听课、看课件、看视频；记录问题，积极思考问题，与教师良性互动，解决问题；总结、做笔记、写步骤、举一反三。

（2）仔细观察、学以致用，积极进行小组间的交流和讨论。

一、学习问题导入

通过之前的学习，同学们已经对网络广告文案的特点有了一定的认识。根据这些特点不难发现，网络广告文案的写作是有一定的方法和技巧的。同学们平时经常接触网络广告，其中有很多优秀的网络广告文案值得学习。撰写网络广告文案需要扎实的文学功底，要让语言和文字富有创意。本次课我们一起来学习网络广告文案的写作技巧。

二、学习任务讲解

1. 选择正确的表达方式

与偏文学化的纸媒广告相比，网络广告更接近于传统广告中的电视广告，整体偏娱乐化；而且网络广告的受众在接收信息方面具有较大的主动权，即他们可以选择看或者不看，也可以决定观看广告的时间。因此，网络广告文案要尽量选择简洁明快且偏口语化的表达方式。

如图 5-9 所示，这个投放在知乎首页的广告，其语言结构就非常简单，关键句子“节目限定优惠低至 2 折”直白地将优惠信息告诉受众，具体优惠项目则用图片的形式放在广告的右侧，并没有用更多的语言去表述。

虽然大多数广告更倾向于短文案和口语化文案，但也有例外。赞助类广告就是一个例外，目前赞助类广告的代表是微信公众号广告，微信公众号作为大型的图文媒体平台，它面向的是有一定阅读习惯和阅读能力的群体。在这一平台上，赞助类广告更为常见，我们一般称其为公众号软文。公众号软文主要通过定制内容的方式向受众输出信息，因此，其必须要切合其赞助的公众号的整体风格，不能出现明显的风格差异，也不宜出现太过直白的宣传性语言。一般来说，公众号软文的广告信息在文末才会出现。

PlayStation Store
节日限定优惠
低至 2折
立即购买
THE LAST OF US PART II

图 5-9 知乎首页的广告

如图 5-10 所示，这是微信公众号“和毛利午餐”的一篇软文中的广告，该软文的标题和内文开头如图 5-11 所示，完全没有提及广告信息，而是依据该微信公众号一贯的风格，从生活中的小事切入，这就是公众号软文文案的一种常规的写作技巧。

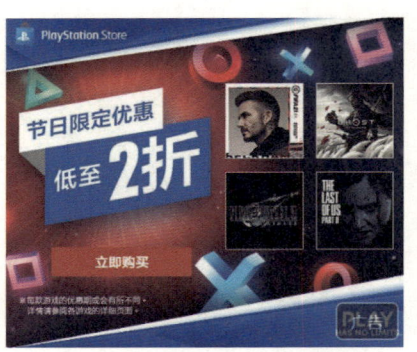

鄂尔多斯1980官方微商城
鄂尔多斯1980官方商城
小程序
2019 年 1 月 17 日家庭日正式上线“大衣焕小衣”小程序，可以将带有“鄂尔多斯”、“ERDOS”及“鄂尔多斯1980”标识的成人羊绒衫改为儿童羊绒衫，让羊绒成为一份可延续的时光之礼，让家人一同感知羊绒传递的温暖与爱意。

图 5-10 微信公众号软文中的广告

要一起，每天都可以是温暖的圣诞

原创 毛利 和毛利午餐 5天前

临近圣诞，小陈不停地在网上买各种零食水果，我忙着给哥哥和妹妹置办节日着装。圣诞树刚刚运到家，费了很大的劲终于装饰好了，儿子在家里窜来窜去，拿着装饰灯泡想方设法张灯结彩。

这之前，家里为买一棵真的树还是塑料树争了好久，儿子要真树，我真去询问了荷兰进口的松枝插出来的真树，因为疫情，没能顺利清关。后来才明白，他要的是活的，过了圣诞节还能一直长长久久种着的树。

除了树，还要有圣诞花环，圣诞装饰，连玻璃窗上都要贴上麋鹿贴纸。储藏室里藏了不少小孩零食，就等这个周末小孩子们一起在家大闹天宫。对了，到时候还要点壁炉，这个冬天还没正经烧过一次。

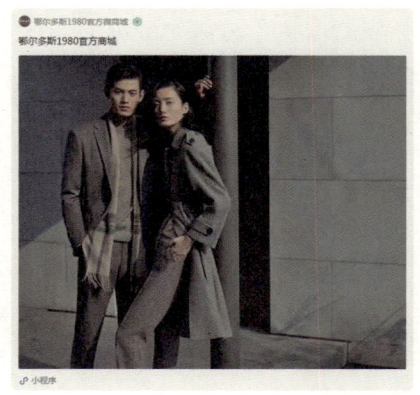

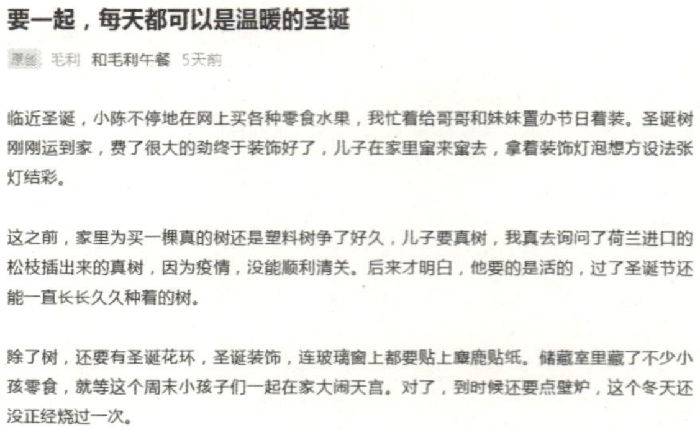

图 5-11 微信公众号软文的标题和内文开头

2. 针对不同的渠道选择不同的表现形式

网络广告具备定向传播的特点，且网民会自发形成群体，所以在不同网站或手机软件上投放广告的时候，要注意结合该渠道的特点。例如哔哩哔哩有大量的学生用户，因此投放在哔哩哔哩上的广告可以使用更多的网络语言；而投放在豆瓣上的广告，则可以文艺一些。如图 5-12 所示，这个广告文案"爷的青春又回来了"就是哔哩哔哩用户喜爱使用的网络语言。

3. 加强文案与图片之间的密切配合

网络广告的媒体形式多样，但必须注意加强文案与图片之间的密切配合，目的是更加突显广告的关键信息。

4. 善于利用网络热点

网络热点是超越其他传统媒体的区域性、社群性、民族性甚至全球性的热点。网络热点可以成为网民共享的话题。网络广告应当敏锐地捕捉到热点，灵活地使用热点，甚至开创性地制造热点。无论是娱乐八卦、社会新闻还是公共节日，都可以成为网络广告文案取材的来源。如图 5-13 所示，2020 年 11 月的热点"秋天的第一杯奶茶"在微博上的阅读量高达 24 亿，可以成为饮品、食品等行业广告文案利用的热点。

图 5-12 投放在哔哩哔哩上的游戏广告

图 5-13 微博上的热点

5. 适度使用网络语言

网民在网络上交流的过程中，逐渐发展出了一些约定俗成的网络语言。众多网民热衷于应用网络语言，尤其是年轻网民，熟练使用网络语言可以说是网络社交必备技能之一。在网络广告文案中使用网络语言，可以快速拉近与受众之间的距离，让受众感觉到"这是自己人"；但也不可过度使用，要点到为止，结合投放的渠道，使用恰当的网络语言，才可以使广告的传播效果达到最优。

三、学习任务小结

通过本次课的学习，同学们已经初步了解了网络广告文案的写作技巧，对网络广告文案的写作有了全面的认识。课后，同学们要通过学习和实践，进一步了解和应用网络广告文案的写作技巧。

四、课后作业

（1）请思考：如果你为一个饮料品牌撰写网络广告文案，要如何利用"秋天的第一杯奶茶"这个热点。

（2）以组为单位收集优秀的网络广告文案，并整理与汇总，制作成 PPT 进行演讲展示。

参考文献

[1] 崔晓文，李连璧，黄蓓，等 . 广告文案 [M]. 北京：清华大学出版社，2011.

[2] 王冠韬，王琦 . 广告策划 [M]. 成都：西南交通大学出版社，2017.

[3] 曲超 . 广告创意策划文案写作指要 [M]. 北京：北京工业大学出版社，2015.

[4] 卢建彰 .10W+ 走心文案是怎样炼成的 [M]. 北京：中国友谊出版公司，2017.

[5] 汤小小 . 高效写作：持续打造爆文的实战攻略 [M]. 南京：江苏凤凰文艺出版社，2020.

[6] 崔晓文，顾静，易琳 . 广告文案 [M].2 版 . 北京：清华大学出版社，2019.

[7] 郭有献 . 广告文案写作教程 [M].4 版 . 北京：中国人民大学出版社，2019.

...attention. There's not a lot of genuine fear here

...when it appears, it's worth noting.

...the other hand, is dangerous paralysis. Anxiety is the

...of the worst possible what-if, accompanied by self-talk that

...the relentless minimization of the actual odds of success.

...makes it impossible to do art, because it feeds the resistance,

...the lizard brain insane power over us. *It's impossible to be a linchpin*

if you agree to feed your anxiety.

You'll notice that throughout this book I've often used the word

"fear" when I really meant anxiety. That's because we do it all the time,

confusing the two. A bad habit.

The Grateful Dread: Two Ways to Deal with Anxiety

You're lying in bed and you can't remember whether or not you left the